Frank Kinslow

Awefeeling

Frank Kinslow

AWEFEELING

Wenn Ehrfurcht innehalten lässt und das Große spürbar wird

Inneren Frieden finden, negative Denkmuster überwinden und Heilung anregen

Aus dem Englischen von Beate Brandt

VAK Verlags GmbH
Kirchzarten bei Freiburg

Titel der amerikanischen Originalausgabe:
Awefeeling

ISBN 978-888796960-2
Published in the United States by Lucid Sea, Inc., Sarasota, FL

Aus Gründen der besseren Lesbarkeit wurde im Text die weibliche und die männliche Form gewählt; alle Angaben beziehen sich selbstverständlich auf Angehörige aller Geschlechter.

Quantum Entrainment®, QE® und Eufeeling® sind international registrierte Wortmarken der Grumpy Owl LLC und der VAK Verlags GmbH. Kinslow®, Kinslow System®, EuStillness® und Awefeeling® sind international registrierte Wortmarken der Grumpy Owl LLC. Aus Gründen der besseren Lesbarkeit wird im Fließtext auf Darstellung des ® verzichtet.

Bibliografische Information der Deutschen Nationalbibliothek
Die Deutsche Nationalbibliothek verzeichnet diese Publikation in der Deutschen Nationalbibliografie; detaillierte bibliografische Daten sind im Internet über http://dnb.d-nb.de abrufbar.

VAK Verlags GmbH
Eschbachstraße 5
79199 Kirchzarten
Deutschland
www.vakverlag.de

Übersetzung: Beate Brandt
Lektorat: Irene Klasen
Illustrationen: Troy McClellan
Layout & Satz: Ulrich Schmid, de·te·pe, Aalen
Covergestaltung: Guter Punkt, München
Druck: Friedrich Pustet GmbH & Co. KG, Regensburg
Printed in Germany
ISBN 978-3-86731-258-5

INHALT

„Das Wunderbarste, das wir erleben können, ist das Geheimnisvolle. Es ist der Quell aller Kunst und Wissenschaft. Wer dieses Gefühl nicht kennt und nicht länger in Ehrfurcht und Staunen innehalten kann, der ist so gut wie tot und seine Augen sind blind."

Albert Einstein

KAPITEL 1

EHRFURCHT

Sie stehen auf einem kalten und zerklüfteten Felsvorsprung. Tief unter Ihnen liegt ein Tal, ganz ins Dunkel der Nacht gehüllt. Sie fühlen eine leichte Schwäche in den Knien und treten zögernd einen Schritt von der Felskante zurück. Sie tasten den Boden zu Ihren Füßen ab, finden einen faustgroßen Stein und werfen ihn in den Abgrund. Eine Sekunde ... zwei Sekunden ... drei, und dann das kaum hörbare Treffen von Stein auf Stein, gefolgt von Stille. Sie treten noch einen Schritt zurück. Dann setzen Sie sich hin und lehnen sich mit dem Rücken an die Felswand hinter Ihnen, die Schutz und Sicherheit spendet.

Die tiefe Dunkelheit begleitet Sie, umgibt Sie, scheint Sie bis in Ihr Innerstes zu durchdringen. Sie können sie beinahe hören, fühlen. Sie hat ein Eigenleben. Die Nacht interessiert sich nicht für Sie, und dennoch sind Sie irgendwie mit ihr verbunden. Sie hat Ihnen etwas zu zeigen. Ein Geheimnis, das über Sie hinausgeht.

Nicht länger misstrauisch geben Sie sich dem hinreißenden Geschehen hin, und zu Ihrer Überraschung überkommt Sie ein allumfassendes Gefühl von Güte und Wohlwollen, in dessen Gegenwart Sie sich klein und machtvoll zugleich fühlen. Sie sitzen da, durchflutet von einer Mischung aus Demut, Andacht und Staunen, gleichsam in einer zeitlosen Verbindung zum großen Ganzen. Ihnen stockt der Atem. Ihre Seele beginnt zu schwingen. Sie befinden sich im Zustand tiefer Ehrfurcht.

KAPITEL 2

WAS EHRFURCHT NICHT IST

Wenn Sie Ehrfurcht erfahren, verändert das Ihr Leben. Manchmal ist die Veränderung tiefgreifend, manchmal subtil, aber immer wendet sie Ihr Leben zum Besseren. Diese Veränderungen sind vielfältig, spontan und dauerhaft. Oft blicken wir auf ein solches Erlebnis, das noch aus der Kindheit stammen kann, liebevoll und andächtig zurück. Vielleicht erfuhren Sie Ehrfurcht, als Sie eines Nachts in den tiefen, schwarzen, mit zahllosen leuchtenden Sternen übersäten Himmel geblickt haben und in Staunen versunken sind. Oder als Sie behutsam ein Neugeborenes in den Armen hielten, überwältigt von der unschuldigen und zarten Kraft des Lebens. Oder Sie standen vor einem riesigen Wolkenkratzer, dessen Spitze die vorbeiziehenden Wolken zu berühren schien, und bestaunten den Erfindergeist oder auch die Beharrlichkeit der Menschheit.

Eine typische Definition von Ehrfurcht lautet in etwa: „eine Emotion, die in unterschiedlichen Anteilen aus Furcht, Verehrung und Staunen besteht und von etwas Höhergestelltem, dem Heiligen oder dem Erhabenen hervorgerufen wird" (hier übersetzt nach dem *Merriam-Webster*). Ich finde diese Definition ziemlich ungeeignet, denn sie beschreibt in keiner Weise die tiefgreifende Wirkung, die Ehrfurcht in Körper, Geist und Seele auslöst.

Ehrfurcht wird in der Regel als Emotion gesehen, was wahrscheinlich dazu beiträgt, dass sie sich so schlecht beschreiben lässt. Der Versuch, Ehrfurcht mithilfe von Synonymen wie Bewunderung, Erstaunen, Verwunderung oder Freude zu beschreiben, lenkt nur von dem ab, was den wahren Wert von Ehrfurcht ausmacht, nämlich dass sie jede genaue Festlegung übersteigt. Zwar weisen all diese Emotionen in die Richtung der Ehrfurcht, aber den überwältigenden Effekt, den Ehrfurcht auf unser Leben hat, können sie nicht im Ansatz liefern.

Ehrfurcht regt auch den Verstand an, der organisiert, analysiert und Entscheidungen trifft. Am Entstehen von Ehrfurcht ist auch er immer ein Stück weit beteiligt. Er versteht, dass alles, was wir sehen, hören oder fühlen, zu unserer alltäglichen Erfahrung gehört. Weil die Wahrnehmung von Ehrfurcht aber die Grenzen unserer alltäglichen Erfahrung übersteigt, steht der Verstand mit offenem Mund staunend vor ihr. Ehrfurcht kann man einfach nicht mit dem Verstand begreifen, und das ist gut so.

Letztendlich lässt sich Ehrfurcht nicht genau definieren, denn sie geht sowohl über die Emotionen als auch über den Verstand hinaus. Wir können Facetten unseres eigenen Erlebens von Ehrfurcht beschreiben, wie Staunen, Andacht und überwältigende Demut. Aber das sind nur glitzernde Funken und Reflektionen des facettenreichen Juwels, das wir als Ehrfurcht kennen. Wenn ich jemanden bitte Freude, Angst oder Wut zu beschreiben, dann kommt die Antwort meist mühelos und ohne Zögern. Geht es hingegen um die Beschreibung von Ehrfurcht, ernte ich in der Regel einen fragenden Blick, gefolgt von einem angestrengten Runzeln der Brauen und am Ende Sprachlosigkeit. Vielleicht ergeht es Ihnen ähnlich, wenn sie darüber nachdenken, wie Sie Ehrfurcht definieren würden. Ein Grund dafür ist, dass wir Ehrfurcht im Alltag nur selten erleben. Uns fehlt der regelmäßige enge Kontakt mit dieser am stärksten transformierenden und heilenden unter den menschlichen Empfindungen. (Aber keine Sorge: Schon bald werden Sie lernen, wie Sie sich in die wunderbaren Arme der Ehrfurcht begeben können, wann immer Sie es wünschen.)

Ehrfurcht ist auch deshalb schwer zu definieren, weil sie uns an einen Ort transportiert, der jenseits der greifbaren Welt von Arbeit, Sorgen, Hoffnung, Freude, Triumph und Scheitern liegt. Ehrfurcht eröffnet uns den Zugang zu einer Welt dahinter, in der das Absolute wartet. Absolutheiten wie das Nichts und die Stille existieren, entziehen sich aber jeder Beschreibung. Oder wie sehen Sie das? Wenn Sie versuchen, Nichts zu definieren, dann gibt es nichts zu definieren, nicht wahr? Ehrfurcht beginnt mit etwas – einem gewaltigen Sturm, der Geburt eines Kindes oder den Pyramiden von Gizeh – und öffnet unerwartet unser Bewusstsein für eine schwer zu beschreibende, absolute Offenbarungserfahrung, ein Gefühl der Verbundenheit mit Allem. Ehrfurcht liegt jenseits dessen, was unser Verstand zu begreifen vermag. Genau darin liegt das Geheimnis ihrer transformierenden Kraft.

Die wichtigsten Punkte aus diesem Kapitel:

- Ehrfurcht lässt sich nicht definieren. Sie entzieht sich jeder Festlegung.
- Ehrfurcht ist keine Emotion. Sie erzeugt Emotionen.
- Ehrfurcht regt auch den Verstand an. Er organisiert und analysiert.
- Ehrfurcht eröffnet uns den Zugang zu einer Welt, in der Absolutes liegt.

KAPITEL 3

(K)EINE DEFINITION VON EHRFURCHT

Wenn Ehrfurcht undefinierbar ist, dann fänden Sie es doch sicher lächerlich, wenn ich versuchen würde, sie zu definieren, oder nicht? Also lasse ich es von vornherein bleiben.

KAPITEL 4

WIE EHRFURCHT WIRKT

Keine Ehrfurchtserfahrung geht jemals verloren. Sicherlich kann uns ein einziges, kurzes, aber totales Versinken in Ehrfurcht ein Leben lang in Erinnerung bleiben. Aber der Einfluss von Ehrfurcht geht viel tiefer. Dadurch, dass Sie Ihre eigenen Grenzen überschreiten, befreit Ehrfurcht Sie von den Einschränkungen, die das Ego Ihrem Leben auferlegt. Dieses flüchtige Gefühl der Freiheit, dieses kurzzeitige Verlieren des individuellen Ego im Angesicht von etwas Größerem und Wunderbaren, hat ganz praktische Auswirkungen. Ihre gesamte Essenz wird neu belebt. Ehrfurcht stärkt Ihre Verbindung zum inneren, erweiterten Gefühl Ihrer selbst, dem „Ich" jenseits des Ego, das die Dinge still aus einer höheren Realität heraus beobachtet.

Wir müssen unser Leben steuern, aber das hat seinen Preis. Entweder fühlen wir uns so, als hätten wir alles unter Kontrolle oder wir bemühen uns, die Kontrolle zu erlangen. Dadurch sind wir ständig auf der Hut und arbeiten daran, ein angestrebtes Ziel zu erreichen und das zu tun, was wir tun möchten.

Es ist so, als wäre unser Körper ein Fahrzeug und unser Verstand die Elektronik, die dieses Fahrzeug steuert. Ihr Ego ist der gewissenhafte Fahrer, der lenkt, bremst, beschleunigt, ein Fenster öffnet, den Sitz verstellt und beständig Korrekturen vornimmt, damit Sie sich wohlfühlen und den Kurs beibehalten. Aber es gibt da noch ein weiteres Element, das meistens übersehen wird – den

Beifahrer. In unserer Analogie ist der Beifahrer Ihre innere Essenz, die jenseits der Wünsche und Sorgen des Ego existiert. Er ist der stumme Beobachter, der alles überblickt, was das Ego denkt, fühlt und tut. Das Ego wiederum ist das „Ich“, das oft als „Kleines Ich“ bezeichnet wird – der Teil von uns, der ständig mit alltäglichen Gedanken und Dingen beschäftigt ist. Der Beobachter ist Ihr stilles Selbst, der nicht involvierte, aber seiner selbst gewahre Teil von Ihnen. Das stille Selbst ist Ihre Essenz, Ihre Urnatur jenseits Ihres Denkens und Handelns. Es ist unmöglich, das beobachtende Selbst zu beschreiben, aber es lässt sich relativ leicht erfahren.

Ihr still beobachtendes Selbst hat übrigens nichts mit Übersinnlichem oder Esoterik zu tun. Es ist sehr real. Allerdings wird die abstrakte Natur des Selbst oft vom lauten und ungestümen Treiben des Ego überdeckt, so wie der klare, offene Himmel von Gewitterwolken. Mit der folgenden einfachen Übung können wir das ständige Geplapper des Ego kurzzeitig im Zaum halten und die stille Präsenz des Selbst zu uns sprechen lassen. Probieren Sie es aus!

Übung: Beobachten Sie den Beobachter

- Führen Sie eine ruhige Routinetätigkeit wie Schreiben, Lesen oder Spazierengehen durch (etwa 30–60 Sekunden lang).
- Beginnen Sie sich selbst dabei zu beobachten, wie Sie diese einfache Handlung durchführen (10–20 Sekunden lang).
- Betrachten Sie sich nun dabei, wie Sie sich bei der Durchführung der Handlung beobachten.

- Wiederholen Sie diese Übung mehrere Male. Fahren Sie dann mit dem Lesen fort.

Ich nehme an, Sie werden sogleich bemerkt haben, dass es einen Teil von Ihnen gibt, der jenseits des alltäglichen Kleinen Ich still alles beobachtet, was geschieht. Vielleicht fühlen Sie eine Art innerer Ausdehnung, eine Erweiterung der Perspektive oder haben sogar das Gefühl, über oder jenseits von dem zu stehen, was Sie gerade tun.

Spüren Sie nach, wie sich Körper und Geist anfühlen, nachdem Sie den Beobachter mehrmals beobachtet haben. Sie werden feststellen, dass Ihr Körper entspannter und Ihr Geist ruhiger und friedlicher ist. Diese spontane Veränderung in Richtung Frieden und Entspannung tritt ein, wenn Sie nicht länger am Steuer sitzen und beginnen, das Leben vom Beifahrersitz aus zu betrachten.

Durch die vorangegangene Übung haben Sie Ihrem normalen Bewusstsein für einen Moment erlaubt, sich von Dingen und Gedanken zu lösen und eine Welt zu betreten, die frei von den Fesseln des Alltags ist. Dank Ihres stillen Selbst haben Sie sich auf den Beifahrersitz begeben und den Wert des Kontakts zu Ihrer nichtinvolvierten Seite erkannt. Hier finden Sie mühelos Zugang zu tieferer Entspannung und erweitertem Frieden. Die Übung diente lediglich dazu, Ihnen Ihr stilles Selbst bewusst zu machen (wobei das allein ja schon ziemlich großartig ist). Wenn Sie tiefe Ehrfurcht erfahren, verbindet sich das grenzenlose stille Selbst mit Ihrem normalen, alltäglichen Bewusstsein. Ihr Verstand fragt sich: „Wie kann die Welt des Nichts meines stillen Selbst zur gleichen Zeit existieren wie meine Welt von Allem?“ Es ergibt verstandesmäßig keinen Sinn, und dennoch „wissen“ Sie, dass beides nebeneinander existiert. Schließlich haben Sie es soeben erlebt! Es gibt eine Existenz jenseits Ihres Kleinen Ichs, und dort krempelt die Ehrfurcht ihre Ärmel hoch und geht ans Werk. Die Erkenntnis, dass Sie sowohl im Hier und Jetzt existieren als auch Teil von etwas Größerem sind, das über Sie hinausgeht, ist nicht nur der Schlüssel zu einem erfolgreichen Leben, sondern fördert auch bedeutsames spirituelles Wachstum.

Das Gefühl von Achtsamkeit, das sich durch Ehrfurcht einstellt, sprengt alle konventionellen Grenzen. Gleichzeitig durchbricht Ehrfurcht zerstörerische Schleifen und Teufelskreise, in die wir im Laufe unseres Lebens hineingeraten sind. Wenn Ehrfurcht in Ihnen erwacht, werden Sie immer mehr zu der Person, die Sie eigentlich sind. Je öfter Sie mit ihr in Berührung kommen, umso größer wird ihr Einfluss auf Ihr Leben sein und umso stärker wird Ihre persönliche Entwicklung voranschreiten. Ich sage also nichts anderes, als dass das regelmäßige Empfinden von Ehrfurcht Sie gesünder, glücklicher und liebevoller macht. Und noch so vieles mehr.

Klingt schon ganz gut, oder? Das Unglaublichste aber ist, dass Sie diese Veränderungen nicht selbst vornehmen müssen. Genau wie das Beobachten des Beobachters spielend zu Entspannung und Frieden führt, bedeutet das Gewahrsein von Ehrfurcht, dass Veränderungen keinerlei Mühe erfordern. Die Transformation entsteht allein durch den Zustand der Ehrfurcht. Sie tritt mühelos und spontan ein, wann immer Sie in Ehrfurcht verweilen. Es ist so, als würden Sie eine unsichtbare, wohlwollende Instanz bitten, Ihre Einsamkeit zu lindern, Ihren hohen Blutdruck zu senken oder den Konflikt zwischen Ihnen und einem geliebten Menschen beizulegen. Ehrfurcht personalisiert Ihre Wiedergeburt vollständig.

Ich habe gesagt, es sei, wie wenn man jemanden um Hilfe bittet, aber es ist im Grunde genommen sogar noch einfacher, denn es passiert ganz automatisch! Genau so funktioniert Ehrfurcht. Besser geht es ja wohl kaum!

Die wichtigsten Punkte aus diesem Kapitel:

- Ehrfurcht befreit Sie aus den Begrenzungen des Ego.
- Ehrfurcht stärkt die Verbindung zu Ihrem inneren Selbst, dem stillen Selbst.
- Ehrfurcht bringt das Gewahrsein des inneren Selbst und das normale Bewusstsein zusammen.
- Das Gewahrsein von Ehrfurcht führt zu einer spontanen Steigerung der persönlichen Entwicklung.

KAPITEL 5

WIE EHRFURCHT IHRE WIRKUNG ENTFALTET

Was Ehrfurcht für Sie tun kann, ist im wahrsten Sinne des Wortes ehrfurchterregend. Zunächst einmal ermöglicht sie Ihnen etwas, das gewöhnliche Emotionen nicht bieten können, nämlich das Transzendieren von Gefühlen. Ehrfurcht befreit uns von den Fesseln unserer alltäglichen Ängste und Sorgen. Im Gewahrsein von Ehrfurcht treiben wir mühelos in einem ruhigen Meer heilsamer Stille. Indem sie uns die vielen kleinen Dinge vergessen lässt, die ständig in unserem Kopf herumschwirren, setzt sie eine bemerkenswerte Heilung in Gang, die man nur als wunderbar bezeichnen kann. So kann Ehrfurcht beispielsweise Ihr Immunsystem in Höchstform bringen, Ihre Sorgen lindern und Ihre Stimmung heben – und all das innerhalb kürzester Zeit.

Aber das ist noch nicht alles. Die Auswirkungen von Ehrfurcht sind nicht auf den Moment begrenzt. Wer regelmäßig in dieses Gefühl eintaucht, kann dauerhafte Veränderungen erreichen – auch dort, wo viele andere Programme und Motivationstechniken an ihre Grenzen stoßen. Jüngste Forschungen zeigen, dass die positiven Auswirkungen von Ehrfurcht lang anhaltend sein können.

In der Regel gehen wir Dinge, die uns zu schaffen machen, auf der Ebene des Problems an. Kaum haben wir ein Problem gelöst, stehen schon zwei weitere auf der Matte, nicht wahr? Jedenfalls scheint es uns nie an Problemen zu mangeln, oder? In mancherlei Hinsicht ist das Leben ein endloses Sich-dahin-Schleppen von einer Schwierigkeit zur nächsten, mit lediglich kurzen Momenten, in denen wir zufrieden sind und uns gut fühlen.

Das eigentliche Problem ist dabei nicht das Problem, sondern vielmehr die Tatsache, dass uns das Lösen von Problemen ein gutes Gefühl vermittelt – das Gefühl, etwas geleistet zu haben, etwas wert zu sein und sogar zu ein wenig Frieden zu kommen. Aber diese Art von gutem Gefühl, das von äußeren Bedingungen abhängig ist, ist flüchtig. Ehrfurcht bietet eine nachhaltigere Lösung, um den Selbstwert zu steigern und inneren Frieden zu erreichen. Sie überspringt die ganze Arbeit und bringt uns direkt dazu, uns gut zu fühlen. Das ist es, was ich meinte: Ehrfurcht fühlt sich gut an, tut gut und bereichert uns, wenn wir sie in unser Leben einladen. Wahrscheinlich fragen Sie sich nun, wie genau Ehrfurcht das bewirkt.

Obwohl das Erreichen mancher Ziele überlebensnotwendig ist, können wir uns auch unabhängig davon ganz und glücklich fühlen. Ehrfurcht lehrt uns, dass wir nichts tun müssen, um uns gut zu fühlen. Wir sind bereits gut – wir müssen dessen lediglich gewahr werden.

Wie kommt es, dass Ehrfurcht die Macht besitzt, uns unmittelbar von Kummer und Leid zu befreien und uns über das Alltägliche hinausblicken zu lassen? Der Grund ist ganz einfach: Das unbefangene, spontane Aufkommen von Ehrfurcht erweitert unsere Wahrnehmung dessen, was die Essenz des Lebens ausmacht. Unsere Aufmerksamkeit wird häufig komplett von der alltäglichen Realität von Zeit und dem Trubel um uns herum in Anspruch genommen. Im Zustand der Ehrfurcht lockert sich der schraubstockähnliche Griff, in dem dieses tägliche Leben uns gefangen hält. Dann steigt eine absolute Gewissheit in uns auf. Wir erkennen eher intuitiv, als dass wir verstehen, dass eine unfehlbare Harmonie in beiden Welten herrscht, und dies zur gleichen Zeit.

Sie haben bereits einen kleinen, flüchtigen Eindruck einer anderen weltlichen Existenz bekommen, als Sie den Beobachter betrachtet haben. Die plötzliche Erkenntnis, dass Sie sowohl der involvierte Beobachter als auch ein stiller sind, erzeugt einen kurzen Moment der Ehrfurcht, auch wenn er nicht sehr ausgeprägt ist. Obwohl diese kleine Verlagerung im Gewahrsein über das rationale Verstehen hinausgeht, ist sie doch von großem praktischen Nutzen.

Wenn wir uns im Zustand der Ehrfurcht befinden, können wir das Erlebte zwar nicht verstandesmäßig begreifen, aber wir wissen dennoch, dass die unermessliche Weite der Erfahrung real ist. Tatsächlich schätzen und würdigen wir sogar mit jeder Faser unseres Seins, dass diese größere Realität über die alltägliche Welt hinausgeht, in der wir leben. Das Spannendste kommt aber noch. Das Erleben von Ehrfurcht facht das Feuer der Heilung an. Es ist so, als wüsste die Ehrfurcht, was bei jedem von uns der Heilung bedarf und würde den Prozess unmittelbar in Gang setzen. Ganz egal, ob wir ein stärkeres Herz brauchen oder Depressionen überwinden müssen, ob wir ein freundlicheres Verhältnis zu einer Kollegin entwickeln oder nachts besser schlafen wollen. Die heilsame Wirkung von Ehrfurcht geschieht da, wo sie gerade benötigt wird. Eine der größten Wohltaten von Ehrfurcht ist das Wecken von emotionalem Wohlbefinden. Ohne Umschweife nimmt sie sich des Kerns des Problems an und entfaltet schnell, effizient und unfehlbar ihre Wirkung.

Bislang wussten wir nie im Voraus, wann die Ehrfurcht uns einen Besuch abstatten würde. Normalerweise tauchte sie unvermittelt auf, brachte uns kurz aus der Fassung und löste sich dann still und leise wieder auf. Uns blieb nichts anderes übrig, als auf diese ungeplanten Momente zu warten, in denen sie uns mit ihrer Schönheit und Macht überwältigte. Viele haben versucht, Ehrfurcht in ihr Leben zu locken, indem sie meditierten oder esoterische Praktiken ausprobierten. Einige wenige hatten Erfolg damit, allerdings nur durch viel Mühe und Hingabe. Und nach all der Mühe erkannten sie das einfache Geheimnis, das ihre Seelen befreite und das auch Sie hier lernen werden: Der Versuch, Ehrfurcht zu packen und festzuhalten stößt sie nur weiter weg. Ehrfurcht kann man nicht wie einen Flaschengeist herbeirufen. Tatsächlich lehren viele meditative Philosophien, dass es keinen Weg zur Ehrfurcht gibt. Es ist der weglose Weg, so als würde man versuchen, Nebel zu fassen zu bekommen. Wenn Sie Ihre Hand schließen, zerstreut sich der Nebel in alle Richtungen und am Ende stehen Sie mit leeren Händen da. Wenn Sie sich anstrengen, um Ehrfurcht zu empfinden, werden Sie nicht zum Ziel kommen. Sie stehen wieder ganz am Anfang und sind höchstens ein wenig frustrierter. Wie können Sie dieses Paradox überwinden? Wie können Sie Ehrfurcht in Ihr Leben einladen, ohne sich darum zu bemühen?

Die gute Nachricht ist, dass Sie weder warten noch sich anstrengen müssen, um sich für Ehrfurcht zu öffnen und von ihren außergewöhnlichen Wohltaten zu profitieren. Blicken wir noch einmal auf unsere Nebel-Analogie. Wenn Sie Ihre offene Hand ausstrecken und einfach still stehenbleiben, wird sich der Nebel sanft auf Ihre Handfläche niederlegen, ohne dass Sie etwas dafür tun müssen.

Das ist das Geheimnis, um in den Zustand der Ehrfurcht zu gelangen: Nichts tun. Wenn Sie glauben, das sei Unsinn oder bereits versucht haben, nichts zu tun und dabei gescheitert sind, dann habe ich eine schöne Überraschung für Sie parat. Bald werde ich Ihnen zeigen, wie Sie nichts tun und im Zustand der Ehrfurcht sein können. Sie werden buchstäblich ehrfürchtig staunen. Aber nehmen wir uns zuerst einen Moment Zeit, um die sehr realen emotionalen, mentalen, physischen und sozialen Vorteile zu entdecken, die Ehrfurcht in unser Leben bringt.

Die wichtigsten Punkte aus diesem Kapitel:

- Ehrfurcht setzt eine tiefgreifende Heilung in Gang.
- Ehrfurcht vereinigt unsere inneren und äußeren Welten.
- Ehrfurcht weiß automatisch, was der Heilung bedarf.
- Der Versuch, Ehrfurcht festzuhalten, vertreibt sie.
- Das Geheimnis, Ehrfurcht zu empfinden liegt darin, es nicht zu versuchen.

KAPITEL 6

WAS KANN EHRFURCHT FÜR SIE TUN?

Eine Aufzählung der Vorteile des Gewahrseins von Ehrfurcht, die von Forschern bewiesen wurden, liest sich in etwa wie folgt:

- Geringeres Maß an Sorgen und Ängsten
- Weniger Einsamkeitsgefühle
- Stärkere Verbundenheit mit anderen
- Stark verbessertes emotionales Wohlbefinden
- Stärkeres Immunsystem
- Abnahme von Entzündungen und Schmerzen
- Zusätzliche Energie
- Verbessertes kritisches Denken
- Mühelose Aufmerksamkeit
- Durchbrechen von Negativschleifen
- Spontanes spirituelles Wachstum
- Stärkere Verbindung zur Natur
- Höhere Lebenszufriedenheit

Ganz schön beeindruckend, oder? Und das ist nicht einmal die vollständige Liste. Wenn Sie sich für die Ehrfurcht öffnen, werden Sie zweifellos weitere Vorteile für sich entdecken. Das ist umso bemerkenswerter, wenn Sie sich klarmachen, dass Sie sich nicht anstrengen müssen, um Ergebnisse zu erzielen, denn diese stellen sich schnell und ganz von selbst ein, je tiefer Sie sich mit der Ehrfurcht verbinden. Finden wir doch einmal mehr darüber heraus, wie es zu diesen schnellen und mühelosen Veränderungen kommt.

In den vergangenen rund 15 Jahren wurde Ehrfurcht aktiv erforscht und die bisherigen Ergebnisse sind erstaunlich. Ehrfurcht hat positive Auswirkungen auf alle Aspekte Ihres Lebens, denn sie beeinflusst Körper, Geist und Seele gleichermaßen. Ehrfurcht wirft ein sanftes Licht auf jeden unserer Schatten. Wenn es so etwas wie eine Patentlösung gäbe, dann wäre das die Ehrfurcht.

Im Jahr 2021 stellten die italienischen Forscher Alice Chirico und Andrea Gaggioli in einem Artikel über die Auswirkungen von Ehrfurcht bei Depressionen, der in der Zeitschrift *Frontiers in Psychology* erschien, das Matroschka-Modell vor. Es erklärt, wie sich mit der Zeit die grundlegenden Ebenen der Ehrfurcht zu einer immer feineren und tiefgreifenden Fähigkeit entfalten. Auf der Grundlage von mehr als 30 empirischen Studien gehen sie davon aus, dass sich die heilende Wirkung von Ehrfurcht zunächst auf den tiefsten Ebenen unseres Nervensystems bemerkbar macht und anschließend unmittelbare psychische und neuroendokrine Veränderungen bewirkt, die am Ende das grundlegende Befinden beeinflussen. Dieses Modell und die damit verbundenen Forschungen finde ich äußerst spannend. Warum? Das erkläre ich Ihnen gerne.

Übertragen wir die Ergebnisse zunächst einmal von der Fachsprache in die Alltagssprache, beginnend mit dem Begriff Matroschka, der Bezeichnung für die verschachtelten russischen Holzpuppen. Zu Anfang steht eine große hohle Puppe da, in der dann weitere, zunehmend kleinere Puppen stecken. Ich bin sicher, dass Sie schon einmal eine gesehen haben. Meine Frau und ich besitzen einige wunderschöne Exemplare, die wir auf unseren Reisen durch Russland entdeckt haben. Bei vielen handelt es sich um echtes Kunsthandwerk. Matroschkas erzählen in der Regel eine Geschichte und enthalten immer eine Überraschung, die manchmal plump ist, meist aber raffiniert.

Das Matroschka-Modell von Chirico und Gaggioli umfasst vier ineinander versteckte „Puppen“ oder Ebenen. Es beginnt mit der innersten „Puppe“ und arbeitet sich dann Stück für Stück nach außen. Oder anders gesagt: Auf der innersten und am wenigsten komplizierten Ebene zeigt sich die Wirkung zuerst, und ich würde sogar behaupten, unmittelbar. Als nächstes macht sich der Einfluss der Ehrfurcht auf der zweiten Ebene bemerkbar, gefolgt von der dritten und am Ende der letzten und wirkmächtigsten. Jede Ebene führt zu einer noch größeren Einsicht und Inspiration in Bezug auf die umfassende Wirkung von Ehrfurcht. Obwohl es nicht notwendig ist, Ehrfurcht zu verstehen, um sie zu erfahren, ist das Modell für all jene hilfreich, bei denen die analytische linke Gehirnhälfte dominiert.

Beginnen wir einmal mit der innersten und einfachsten Ebene, den *elektrischen* Veränderungen. Hier geht es vor allem um die Aktivierung des Parasympathikus. Lassen Sie sich von diesem medizinischen Fachbegriff nicht beirren, denn es ist ganz einfach zu erklären, was dieser Teil des Nervensystems tut. Der Parasympathikus lässt Ihren Herzschlag und Ihren Atem zur Ruhe kommen, senkt den Blutdruck und hilft, die Verdauung zu verbessern. Außerdem, und das ist wichtig für Heilung in jeder Form, versetzt er den Körper in einen entspannten Zustand. Die durch den Parasympathikus ausgelöste Entspannung ist die Grundvoraussetzung für eine tiefgehende und schnelle Heilung und Erholung. Erinnern Sie sich an dieses leichte Gefühl der Entspannung, als Sie den Beobachter betrachtet haben? Ursache hierfür war die Aktivierung des Parasympathikus, als Sie sich Ihres stillen Selbst bewusst wurden. Spannend, oder?

Die zweite Ebene unserer Matroschka, bei der es um sofortige *psychische* Veränderungen geht, löst eine wachsame Aufmerksamkeit aus, die sich auf unser kleines Selbst, unser Ego, richtet. Ein unbeobachtetes Ego kann ganz schön viel Unfug anrichten. Ehrfurcht hilft dabei, selbstbezogenes Verhalten im Zaum zu halten und fördert eine großzügigere und vergebende Haltung.

Die dritte, komplexere Ebene der Matroschka zeigt, dass Ehrfurcht *neuroendokrin-psychische* Veränderungen bewirken kann. Und da kommt ganz schön etwas in Gang! Ich liste hier nur einige der bemerkenswerten Resultate auf, die sich auf dieser Ebene ergeben, wenn Sie der Ehrfurcht gewahr werden:

- Stärkeres Gefühl der Verbundenheit
- Höhere Fähigkeit, über die eigenen unmittelbaren Bedürfnisse hinaus zu sehen
- Inspiration, zu lernen und etwas zu erschaffen
- Nie wieder Langeweile
- Kreativeres Denken
- Weniger proinflammatorische Zytokine
- (Proinflammatorische Zytokine verstärken Entzündungen und chronische Schmerzen. Sie werden auch mit Depressionen in Verbindung gebracht. Ehrfurcht kann sowohl Schmerzen als auch depressiven Stimmungen entgegenwirken.)

Kommen wir nun zur vierten und letzten Ebene. Sie ist die komplexeste und für mich auch die spannendste, denn hier geht es um *existenzielle* Veränderungen.

- Mehr Sinn im Leben
- Stärkere Transzendenz des Kleinen Ich (Ego)
- Erhöhtes spirituelles Wohlbefinden
- Mehr Lebenszufriedenheit
- Verbindung zur Natur
- Verbundenheit mit anderen
- Großzügigkeit und positives soziales Verhalten

Ganz schön beeindruckend, oder? Wenn Sie auf der Suche nach Erleuchtung sind, dann hat Ehrfurcht Ihnen gerade den Schlüssel dazu in die Hand gelegt. Die wachsende Anzahl an Untersuchungen zeigt, dass Ehrfurcht eine heilsame Wirkung hat. Sie heilt und harmonisiert alle Ebenen unseres Lebens – Körper, Geist und Seele – ebenso wie unsere Beziehungen. Die heilsame Wirkung wird tiefer und wirkmächtiger, je mehr wir uns der Ehrfurcht hingeben. Je stärker die Hingabe, umso mehr bekommen wir zurück. Eine perfekte Verbindung.

Ehrfurcht gehört zu uns, sie ist unser aller Geburtsrecht; ihr Code ist genetisch in unseren Seelen eingeschrieben. Wie eine liebevolle Mutter wartet Ehrfurcht darauf, dass ihr umherwanderndes, staunendes Kind den Weg nach Hause findet. Sie lebt jenseits von Zeit und Raum am Ort unseres Entstehens. Sich für Ehrfurcht zu öffnen bedeutet, in die Umarmung der Mutter zurückzukehren.

Die wichtigsten Punkte aus diesem Kapitel:

- Forschungen zeigen, dass Ehrfurcht nachweisbare Vorteile bietet.
- Ehrfurcht heilt auf allen Ebenen – Körper, Geist, Seele und Beziehungen.
- Im Laufe der Zeit entwickeln sich die allgemeinen Vorzüge von Ehrfurcht zu immer komplexeren und tiefergehenden Fähigkeiten.
- Das Erleben von Ehrfurcht ist Teil unseres genetischen Erbes.

KAPITEL 7

WIE ICH DAS AWEFEELING[1] ENTDECKTE

Bald schon werden wir der Theorie den Rücken kehren und das tiefe Erleben von Ehrfurcht am eigenen Leib erfahren. Doch zuvor möchte ich Ihnen von meiner persönlichen Geschichte mit der Ehrfurcht berichten. Ich hatte das große Glück, wiederholte und über die Jahre immer tiefer gehende Ehrfurchtserfahrungen machen zu können. Zu Beginn versuchte ich zugegebenermaßen, mithilfe von schierer Willenskraft in den erhabenen Zustand der Ehrfurcht zu gelangen. Ich habe viele Jahre damit verbracht, den Nebel greifen zu wollen. Vor rund 15 Jahren, also ungefähr zu dem Zeitpunkt, an dem die Wissenschaft ernsthaft begann, Ehrfurcht zu erforschen, entdeckte ich dann, wie man jeglichen bewussten Versuch aufgibt. Dieses Gefühl des Nicht-Seins oder Nicht-Tuns nannte ich Eu-Gefühl.

Alles begann ganz unbefangen und mühelos. Ich öffnete einfach mein Herz und ließ das Eu-Gefühl sanft in meiner Seele Platz nehmen. Damit wir uns nicht missverstehen: Ich habe nicht versucht, das Eu-Gefühl

1 Der Begriff „Awefeeling" setzt sich aus dem englischen Wort für Ehrfurcht – awe (ausgesprochen wie ein langes offenes O) – und dem englischen Wort für das Eu-Gefühl – Eufeeling – zusammen. Aus awe/Ehrfurcht und Eufeeling/Eu-Gefühl entsteht also das neue und kraftvolle Awefeeling. Wie dies genau funktioniert, erfahren Sie in diesem und den folgenden Kapiteln.

künstlich herzustellen. Ich kannte es nicht einmal. Aber wie sich herausstellte, waren meine Unkenntnis und mein Nicht-Tun von Vorteil. Das Eu-Gefühl kam in einem Moment vollkommener Klarheit zu mir, ganz spontan und unerwartet.

Das Eu-Gefühl hat eine überraschend heilsame Wirkung. Als es in den darauffolgenden Tagen und Wochen immer mehr Teil meines Lebens wurde, stellte ich fest, dass Schmerzen und Wehwehchen ebenso wie meine Schlafprobleme Stück für Stück verschwanden. Die Migräneanfälle, unter denen ich zwei bis drei Mal pro Woche gelitten hatte, lösten sich in Luft auf. Zeiten der Reizbarkeit, die sich mit depressiven Schüben abgewechselt hatten, gehörten ebenfalls der Vergangenheit an, während mein Energiepegel und meine geistige Klarheit zunahmen. Ich genoss diese angenehme und transformierende Wirkung in vollen Zügen. Habe ich die Freude schon erwähnt? Ich begann, Spaß am Leben zu haben. Ich befand mich in einem ehrfürchtigen Zustand.

Später lernte ich, wie ich andere das Nicht-Tun und das Erleben des Eu-Gefühls lehren konnte. Auch sie erfuhren Heilung. Dann zeigte ich ihnen, wie sie das Eu-Gefühl mit anderen teilen, also tatsächlich innerhalb von Minuten eine heilsame Resonanz bei einem Freund, einem Familienmitglied oder einem gänzlich Unbekannten hervorrufen können. Wie das funktioniert? Nun, indem man einfach dem anderen hilft, des Eu-Gefühls gewahr zu werden. Sobald wir des Eu-Gefühls gewahr werden, tritt automatisch Heilung ein. Wie ich schon sagte, ist es unser Geburtsrecht, Heilung zu erfahren. Es ist so natürlich, wie das Sprechen, sobald wir wissen, wie es funktioniert.

Ich gab dem gesamten Prozess den Namen *Quantum Entrainment*, oder kurz QE. Die Existenz dieser neuen

Methode verbreitete sich schnell, und ich habe die vergangenen 15 Jahre damit verbracht, zehntausende von Menschen weltweit darin zu unterrichten. Bis zum heutigen Tag erfüllen mich das Eu-Gefühl und der QE-Heilungsprozess mit Ehrfurcht. Wir Menschen sind so eine bemerkenswerte Spezies. Wir alle tragen versteckt die Fähigkeit zur Heilung in uns, und das in einem weitaus höheren Maße, als wir es aktuell zeigen.

Gestatten Sie mir eine kleine Randbemerkung. Es ist wichtig zu wissen, dass es sich beim Heilungspotenzial von QE nicht um eine haltlose Behauptung handelt. Es ist keine versponnene, aus der Luft gegriffene Idee, sondern eine wissenschaftlich fundierte Methode. Das bedeutet dreierlei. Zum einen lässt sich die heilsame Wirkung immer wieder duplizieren. Zum Zweiten kann ich die Methode anderen beibringen und diese können meine Ergebnisse replizieren. Und zum Letzten ist die Wirkung von QE messbar. Ärzte können die heilsame Wirkung von QE auf ihre Patienten ganz einfach anhand der ihnen zur Verfügung stehenden Parameter messen, wie beispielweise einer Normalisierung des Blutdrucks oder Blutzuckerwerts. Eine Bestätigung kann auch durch das Messen von Puls, Atmung, Herzleistung, Hautwiderstand beziehungsweise durch das Auswerten von Blutwerten, EKG, EEG und so weiter erfolgen. Die Wirkung von QE ist sehr real.

Wie Sie sehen, habe ich eine Menge Erfahrung in der Kunst, nichts zu tun zum Zwecke der Heilung. Okay, so ausgedrückt klingt es vielleicht etwas merkwürdig. Sagen wir einfach, mein Talent liegt darin, Menschen auf eine Weise nichts tun zu lassen, die ihr autonomes Nervensystem stärkt, was wiederum eine schnelle und tiefgreifende Heilung fördert. Und ich habe eine bewährte Methode, mit der dieses Wissen leicht an andere weitergegeben werden kann – sogar über das geschriebene Wort. Und genau darum soll es hier gehen. Es wäre mir eine Freude, Ihnen zu zeigen, wie Sie sich jederzeit in den Zustand der Ehrfurcht begeben können. Zu diesem Zweck habe ich die Awefeeling-Methode entwickelt, wobei „entwickelt" irreführend ist, denn diese Methode wurde weniger entwickelt denn erkannt, genauso wie auch QE erkannt wurde. Und genauso direkt wie QE wirkt auch Awefeeling.

Meine sich stetig vertiefende Beziehung zum Eu-Gefühl öffnete mir ein Bewusstsein für eine größere und häufigere Nähe zur Ehrfurcht. Schon bald begann ich, den Vorgang mit großem Interesse aus dem Blickwinkel des stillen Selbst zu beobachten. Ich versuchte nicht, Ehrfurcht zu verstehen, denn wie wir bereits gesehen haben, ist das ein sinnloses Unterfangen. Ich beobachtete und wartete einfach mit einem wachsenden Gefühl freudiger Erregung. Eine herrliche transzendente Spannung begann, sich in mein Bewusstsein vorzuarbeiten. Ich hatte das Gefühl, als würde mir gleich ein großes Geheimnis offenbart. Genau das ist natürlich der Effekt, den Ehrfurcht hat. Sie gibt uns das Gefühl, Teil von etwas Wunderbarem zu sein, das jenseits von allem liegt, was wir wissen oder wissen können. Mein Verstand wollte es finden, es erklären, es besitzen. Aber der Verstand ist darauf beschränkt, mit Datenschnipseln herumzuspielen. Ausdrücke für Formen und Funktionen können niemals die ungezügelte Weite dessen wiedergeben, was Ehrfurcht ist.

Hingerissen von Ehrfurcht begann ich diese zugrunde liegende Weite und Präsenz noch stärker zu spüren. Mit Präsenz meine ich übrigens keine Art von transzendentem Wesen. Das war es nicht, was ich wahrnahm. Die Präsenz, von der ich spreche, ist eher wie eine alles durchdringende Ordnung. Auch hier möchte ich keineswegs ins

Metaphysische abgleiten. An dem, was ich beschreibe, ist überhaupt nichts Mystisches. Tatsächlich hat die fundamentale Ordnung des Nichts eine wissenschaftliche Grundlage. In der Quantenphysik existiert dieser Zustand des Nichts parallel zum Quantenvakuum. Die Physik beschreibt ihn als „das Nichts, aus dem alles kommt". Die Schriften von Pauli und Heisenberg, den Begründern der Quantenmechanik, lesen sich denn auch in Teilen so, als stammten sie aus alten Sanskrit-Texten.

Diese überall und jederzeit vorhandene universelle Ordnung, von der ich spreche, ist erstaunlich einfach zu erfassen. Wenn unser Augenmerk auf praktischen Dingen liegt, die uns im Alltag komplett in Beschlag nehmen, bleibt das Gewahrsein des Nichts uns verborgen. Ist unsere Aufmerksamkeit jedoch nicht auf Dinge gerichtet, fällt es uns leicht, mühelos des Nichts gewahr zu werden. Ich könnte hier nun seitenlang mit Worten und Analogien jonglieren, aber wie sagt man so schön: Ein Bild sagt mehr als tausend Worte, oder, in diesem Fall, eine Erfahrung des Nichts lässt Sie sprachlos zurück. Sind Sie bereit?

Übung: Das Nichts ist überall

- Richten Sie Ihren Blick nach unten. Suchen Sie sich ein Objekt, auf das Sie sich fokussieren.
- Ihr Schoß, Ihre Füße, der Fußboden, eine 3 Meter lange Python (falls gerade eine da sein sollte).
- Fokussieren Sie sich 3 bis 4 Sekunden lang auf dieses Objekt.
- Blicken Sie dann nach oben (an die Zimmerdecke oder in den Himmel).

Was ging Ihnen in der Zeit, in der Sie vom Boden nach oben geschaut haben, durch den Kopf? Nichts, oder? Machen Sie die Übung noch einmal. Zwischen dem Blick nach unten und dem nach oben ist nichts da.

Genau wie die leere Leinwand immer da ist, auch wenn gerade ein Film auf sie projiziert wird, ist das Nichts hinter unseren Gedanken und Gefühlen immer vorhanden. Im Gegensatz zur leeren Leinwand ist das Nichts jedoch der Schöpfer unserer Gedanken und Emotionen. Erinnern Sie sich daran, dass unsere Quantenmechanik-Experten uns sagen, dass das Nichts die Quelle von allem ist, einschließlich unserer Gedanken und Gefühle. Das Nichts erschafft Gedanken und Gefühle – ebenso wie Autos, Sterne, Schokoriegel und auch die Kinoleinwände.

Für alle Linkshirnigen möchte ich noch Folgendes anführen: Alles, was jemals erschaffen wurde, hat eine Ordnung. Dinge bestehen aus geordneten Molekülen, Atomen, subatomaren Teilchen und so weiter. Auf jeder Ebene des Lebens finden wir Ordnung. Gedanken und Dinge sind Ordnung in einer bestimmten Form. Das Nichts ist Ordnung ohne eine feste Form. Das Nichts steht allein für sich. Man kann nicht zwei „Nichts“ haben. Sie können nicht Etwas mit Nichts haben, denn dann wäre es kein Nichts, richtig? Das Nichts kann nicht ungeordnet sein, wenn es da nichts gibt, das ungeordnet sein könnte. Schwirrt Ihnen bereits der Kopf? Haben Sie noch einen Moment Geduld mit mir, ich möchte nur noch auf eines hinweisen. Wenn das Nichts nicht ungeordnet sein kann, dann muss es notwendigerweise eine perfekte Ordnung aufweisen. Diese perfekte und formlose Ordnung ist genau die grundlegende Präsenz, die in mein Bewusstsein einfloss, als ich die Awefeeling-Methode erkannte.

Die wichtigsten Punkte aus diesem Kapitel:

- Das Eu-Gefühl fand in einem Moment von totaler Klarheit zu mir.
- Ich nannte das Praktizieren des Eu-Gefühls *Quantum Entrainment* (QE).
- QE ist ein wissenschaftliches Verfahren.
- So wie das Quantenvakuum besteht das Nichts aus perfekter Ordnung.
- Die heilsame Wirkung der Awefeeling-Methode basiert auf perfekter Ordnung.

KAPITEL 8

WIE SIE SICH AUF DIE AWEFEELING-METHODE VORBEREITEN

Wir sind von Geburt an mit allem ausgestattet, was wir benötigen, um mit Freunden, Vorgesetzten, Taxifahrern und – wenn wir einen wirklich guten Zuhörer benötigen – sogar uns selbst zu reden. Sprechen ist natürlich und leicht für uns, da wir über alles dafür Notwendige verfügen: Lunge, Kehlkopf, Zähne, Zunge, Lippen und ein gut entwickeltes Gehirn. Wir wurden also mit allem geboren, was für sprachlichen Ausdruck erforderlich ist, und dennoch mussten wir das Sprechen erst erlernen, oder?

Die ersten Sprechversuche starten wir als Babys, oder vielleicht sogar schon in der Gebärmutter. Als erstes hören wir die Stimme unserer Mutter, dann auch die anderer Menschen, und irgendwann beginnen wir das Gehörte nachzuahmen. Schon bald äußern wir die ersten Worte und Wortkombinationen und schließlich ganze Sätze. Und ehe wir uns versehen, quengeln wir herum, damit Mama uns schokoladenüberzogene Zuckerbomben kauft, fragen unseren Vater nach den Autoschlüsseln und hauchen, hingerissen in die Augen unseres Seelenpartners blickend, „Ja, ich will“.

Von Geburt an ist alles vorhanden, was wir zum Sprechen brauchen. Einmal erlernt, wird es für uns ganz selbstverständlich und mühelos. Wir müssen nicht darüber nachdenken, wie es funktioniert, die Worte kommen einfach aus unserem Mund. Es scheint sogar so zu sein, dass immer weniger Menschen überhaupt erst nachdenken, bevor sie den Mund aufmachen. Aber halt – ich schweife ab.

Wir verfügen auch über alles, was wir benötigen, um Ehrfurcht zu empfinden. Das launische und nicht vorhersehbare Auftreten von Ehrfurcht erfordert keine Vorbereitung – es ist spontan und überwältigend. Ehrfurcht platzt in unser Leben, holt uns aus unserem Alltagstrott und verschwindet ebenso schnell wieder dahin, wo sie herkam. Solch seltene Episoden sind etwas Besonderes und entziehen sich völlig unserer Kontrolle. Wir wissen nie, wann Ehrfurcht in uns erwacht und unser Gemüt erhebt. Die meisten von uns erleben solche Momente eher selten, sodass wir weder von den großartigen Erkenntnissen noch dem erstaunlichen gesundheitlichen Nutzen profitieren, den Ehrfurcht für uns bereithält.

Schon der kleinste Hauch einer Begegnung mit der Ehrfurcht hat starke positive Auswirkungen. Forscher forderten Probanden auf, Bilder von Naturwundern zu betrachten, sich an eine frühere Erfahrung von Ehrfurcht zu erinnern oder eine Ehrfurcht einflößende Geschichte zu lesen. Solch einfache Anstöße lösen bereits positive Veränderungen aus – sowohl in Geist und Körper als auch in unserem Verhalten anderen gegenüber. Meiner Erfahrung nach verblassen Bilder des Grand Canyon oder eine Erinnerung an die erste Flugreise jedoch im Vergleich mit einem vollkommenen Eintauchen in Ehrfurcht im Hier und Jetzt. Den Beobachter zu beobachten, hält zugegebenermaßen nur eine kleine Erfahrung von Ehrfurcht bereit. Diese Übung erzeugt schnell und einfach ein leichtes

Gefühl inneren Friedens und äußerer Entspannung. Wenn Sie sie eine gewisse Zeit lang mehrfach am Tag durchführten, würden Ihre Gesundheit und Lebensfreude insgesamt zunehmen. Aber ich habe noch etwas viel Verlockenderes und Lohnenderes für Sie im Angebot, das zudem viel einfacher ist.

Forschungen haben gezeigt, dass selbst das flüchtige und stille Erleben von Ehrfurcht, beispielsweise beim Betrachten eines Baumriesen oder dem Hören inspirierender Musik, bereits positive Ergebnisse hervorruft. Tatsächlich weisen nahezu alle Forschungsergebnisse auf diese Wirkung einer stillen, freundlichen Verbundenheit hin.

Meiner Erfahrung nach ist das tiefere, inspirierendere Eintauchen in Ehrfurcht ein noch stärkerer Katalysator für positive Veränderungen. Durch die intensive Verbindung mit der Ehrfurcht ändern sich Dinge ganz unmittelbar, und die Veränderungen sind tiefergehend und viel nachhaltiger. Die Awefeeling-Methode, die ich Ihnen vorstellen werde, deckt das gesamte Spektrum an Ehrfurchtserfahrungen ab – von sanft bis überwältigend.

Warum ist die Awefeeling-Methode so effektiv? Worin liegt ihre geheime Kraft? In einem Wort: im Eu-Gefühl. Das Eu-Gefühl ist der heilende Motor der QE-Technik. Es ist das Zentrum, um das herum Heilung erfolgt und aus dem heraus Harmonie entsteht. Das Eu-Gefühl hat zwei Facetten. Es gibt das reine Eu-Gefühl, das als Nichts wahrgenommen wird, und das sich warm und verschwommen äußernde Eu-Gefühl, das sich in Form guter Gefühle wie Zufriedenheit, Freude, Verzückung, Liebe, Dankbarkeit und so weiter zeigt.

Das reine Eu-Gefühl wohnt der perfekten Stille des Nichts inne. Genau wie beim Quantenvakuum entsteht aus dem Nichts ein Etwas. Das reine Eu-Gefühl beginnt im stillen, fruchtbaren Grund Ihres Geistes zu schwingen. Sobald dies geschieht, erkennen Sie es an den wundervollen, sich entfaltenden Empfindungen des sich äußernden Eu-Gefühls, in dessen Gewahrsein Sie auf Wellen des Friedens treiben, in Blasen der Glückseligkeit schweben oder sich liebevoll gehalten fühlen. Die unbefangene Wahrnehmung des sich äußernden Eu-Gefühls setzt sich ausdehnende Wellen der Heilung in Gang, die von den tiefsten Regionen des menschlichen Bewusstseins ausgehen. Und das bringt uns zurück zur Awefeeling-Methode.

Ich begann, einen genaueren Blick auf meine Ehrfurchtserfahrungen zu werfen und entdeckte, dass kurz bevor mich die Ehrfurcht erfasste, jeweils ein Moment der Stille eintrat, der nur Millisekunden andauerte. Später wurde mir bewusst, dass unmittelbar auf diese Stille ein Gefühl des Wohlbefindens folgte. Ich denke Sie ahnen bereits, worauf ich hinauswill, oder? Genau! Diese Stille war das Nichts des reinen Eu-Gefühls und das darauffolgende gute Gefühl war der Widerhall des sich in meinem Geist äußernden Eu-Gefühls, in Form von Freude oder Frieden, Akzeptanz oder Dankbarkeit.

Denken Sie an reines, weißes Licht, das auf ein Prisma fällt, welches Sie vor eine weiße Wand oder Leinwand halten. Sobald das Licht auf das Prisma trifft, erscheinen auf der weißen Wand alle Farben des Regenbogens – Orange, Indigo, Violett, Gelb, Rot, Blau und Grün. Ganz ähnlich wird das reine Eu-Gefühl durch das Prisma Ihres Bewusstseins in Gefühle wie Liebe, Empathie, Euphorie, Dankbarkeit, Überraschung, Vertrauen oder Staunen aufgeteilt. Was ich entdeckt hatte, war der gleiche natürliche Prozess, der QE zu einer wirkungsvollen und heilsamen Methode gemacht hatte – allerdings mit einem Unterschied.

Das Gewahrsein des Eu-Gefühls heilt von innen nach außen. Das Gewahrsein von Ehrfurcht heilt von außen nach innen. Ehrfurcht gepaart mit Eu-Gefühl ergibt Awefeeling, und Awefeeling bewirkt eine schnellere und tiefere Heilung als Ehrfurcht oder Eu-Gefühl allein. Was bedeutet das für Sie? Ganz einfach – wenn Sie die Awefeeling-Methode anwenden, können Sie in die Ehrfurcht eintauchen, wann immer Sie wollen. Sie haben Ihre eigene Heilung in der Hand, so oft Sie sie benötigen. Wenn ich hier von „Heilung“ spreche, dann meine ich damit all die vorteilhaften Auswirkungen auf den Körper, die die Forscher entdeckt haben, wie beispielsweise weniger Ängste, Einsamkeit und Depressionen, mehr emotionales Wohlbefinden, ein besseres Immunsystem und einen höheren Energiepegel, klareres Denken, spirituelles Wachstum, mehr Lebenszufriedenheit, eine herzlichere Verbindung zu anderen Menschen und vieles mehr! Awefeeling ist ein unschätzbares, facettenreiches Juwel. Sie können die Freude des Erlebens von Ehrfurcht immer weiter steigern und ein Leben lang seine Wohltaten genießen, und das so oft Sie wollen. Kurzum: Sie haben nichts zu verlieren und alles zu gewinnen.

Lassen Sie Ihre linke Gehirnhälfte einmal einen Moment außen vor und werden Sie sich des wahren Grundes bewusst, warum Sie dieses Buch gewählt haben. Die Awefeeling-Methode besteht aus vier Schritten. Der erste, das Erlernen der Eu-Gefühl-Technik, wird etwa 25 Minuten in Anspruch nehmen. Es ist ganz einfach und Sie werden gleich eine wunderbare Erfahrung machen. Die folgenden drei Schritte finden nahezu simultan statt, und es braucht nur wenig Zeit, um ihre Tiefe schätzen zu lernen.

Sind Sie bereit, die Awefeeling-Methode zu erlernen? Denken Sie daran, dass Sie bereits über alles verfügen, was Sie dafür benötigen, einfach nur deshalb, weil Sie ein Mensch sind. Sobald Sie die Grundlagen einmal verstanden und sich wieder mit ihren elementaren menschlichen Wurzeln verbunden haben (was sehr schnell gehen wird), müssen Sie nur 3 ½ Minuten am Tag im Awefeeling verbringen, um eine echte und bleibende Veränderung in Ihrem Leben zu erzielen. Also gut, da Sie nun bereit sind, wo fangen wir am besten an? Ich würde vorschlagen, Sie machen einfach mit dem nächsten Kapitel weiter!

Die wichtigsten Punkte aus diesem Kapitel:

- Schon kleinste Berührungen mit Ehrfurcht haben einen großen Wert.
- Ehrfurcht plus Eu-Gefühl gleich Awefeeling.
- Awefeeling stößt eine schnellere und umfassendere Heilung als Ehrfurcht oder Eu-Gefühl allein an.
- Mit Awefeeling können Sie Ehrfurcht erleben, wann immer Sie wollen.
- Schon 3 ½ Minuten pro Tag reichen aus.

KAPITEL 9

DAS EU-GEFÜHL FINDEN

Nun sind Sie bereit, das Eu-Gefühl kennenzulernen, den ersten Schritt auf dem Weg zum Awefeeling und einer langen und fruchtbaren Beziehung mit ihm. Erinnern Sie sich an das Beispiel des Sprechenlernens, das ich zuvor angeführt habe? Sie können heute problemlos sprechen, doch zu Anfang mussten Sie es erst erlernen. Im Eu-Gefühl zu sein erfordert ebenfalls ein wenig Übung, aber das Erlernen des Prozesses bietet sofortige Vorteile und löst ein unmittelbares Wohlgefühl aus. Zudem können Sie im Gegensatz zum Sprechenlernen einen sofortigen Erfolg verbuchen.

Der erste Schritt zum Awefeeling besteht also darin, das Eu-Gefühl zu finden und sich damit vertraut zu machen. Zu diesem Zweck werden Sie gleich die Eu-Gefühl-Technik erlernen. Das Eu-Gefühl ist bereits präsent und wartet in einer stillen Ecke Ihres Geistes darauf, dass Sie es finden. Dieser Vorgang ist weder abgehoben noch besonders schwer. Es ist vielmehr ein natürlicher und ganz spontaner Prozess, bei dem Sie nichts Komplizierteres tun, als Ihr Gewahrsein von einer Sache auf eine andere zu verlagern. Klingt doch machbar, oder? Falls Sie noch Ihre Zweifel haben, probieren Sie es am besten gleich mit dem folgenden schnellen Test aus.

- Blicken Sie auf irgendein Objekt, das sich vor Ihnen befindet.
- Blicken Sie nun auf ein anderes Objekt.
- Denken Sie nun an eine Blume ... einen Berg ... und dann an eine Person, die Sie lieben.

Haben Sie bemerkt, wie mühelos die Übung war? Sie konnten im Außen ganz leicht von einem Objekt zu einem anderen wechseln und in Ihrem Geist ebenso leicht von einem Gedanken zum anderen. Sie haben also Ihre Aufmerksamkeit mühelos von einem Objekt auf ein anderes verlagert, nicht wahr? Und als Ihre Aufmerksamkeit von einer Blume zu einem Berg und schließlich zu einer geliebten Person wanderte, gelang Ihnen dies ebenso einfach und mühelos, oder?

Wunderbar! Sie haben gerade den Test zum Erlernen der Eu-Gefühl-Technik bestanden. Das war natürlich nur ein kleines Spiel. Dennoch halte ich diese einfache Übung für sehr effektvoll, um zu demonstrieren, wie leicht und mühelos wir unbewusst unsere Aufmerksamkeit den ganzen Tag lang zwischen Dingen und Gedanken hin und her schweifen lassen. Zu lernen, im Eu-Gefühl zu sein, ist nichts anderes, als Ihr Gewahrsein einfach von dort, wo es sich gerade befindet, dahin zu verlegen, wo das Eu-Gefühl ist. Nun wollen Sie sicher wissen, wo das ist. Haben Sie noch einen kleinen Moment Geduld – ich werde Sie gleich mit ihm bekannt machen.

Die einfachste, schnellste und sinnvollste Methode zum Erlernen der Eu-Gefühl-Technik ist das Herunterladen einer Audio-Anleitung. Hier leite ich Sie Schritt für Schritt an, damit Sie einen guten Start haben. Die Anleitung ist kostenlos und kann in deutscher Sprache unter *www.vak-verlag.de/downloads* heruntergeladen werden. Folgen Sie den einfachen Anweisungen, und lassen Sie das Eu-Gefühl fließen. Wer die Anleitung nicht herunterladen kann, findet eine schriftliche Fassung in *Anhang 1: Die Eu-Gefühl-Technik* hinten in diesem Buch.

Da das Erlernen der Übung mit geschlossenen Augen erfolgt, können Sie sich die Anleitung nicht selbst vorlesen. Sie haben daher zwei Möglichkeiten. Entweder nehmen Sie die Anleitung auf und spielen sie ab, während Sie mit geschlossenen Augen dasitzen. Oder Sie bitten eine andere Person, sie Ihnen mit ruhiger und sanfter Stimme vorzulesen. Alle Möglichkeiten funktionieren gleich gut. Am einfachsten und effektivsten ist es natürlich, die fertige Anleitung von der Website herunterzuladen.

Wie Sie sich erinnern, hat das Eu-Gefühl zwei Ausprägungen – das reine Eu-Gefühl (die Leere des Nichts) und das sich äußernde Eu-Gefühl (ein erfüllendes Wohlgefühl, das sich in Form von Frieden, Freude, Glückseligkeit, Mitgefühl und Ähnlichem ausdrückt). Zunächst mache ich Sie mit dem Nichts, dem reinen Eu-Gefühl vertraut. Dann werden wir entdecken, wo das sich äußernde Eu-Gefühl sich all die Jahre in Ihnen versteckt hat, um dann mit Freude das Eu-Gefühl nicht nur in unserem Inneren, sondern auch im Außen wahrzunehmen, wo es alles bereichert, was in unserer materiellen Welt existiert.

Sobald Sie die Eu-Gefühl-Technik einmal erlernt und sowohl das reine als auch das sich äußernde Eu-Gefühl selbst erfahren haben, müssen Sie nur noch selten zwischen beiden unterscheiden. Dann werde ich nur noch von Eu-Gefühl sprechen und damit beide Formen meinen, sofern ich nicht spezifischer darauf eingehe.

Suchen Sie sich einen ruhigen Ort mit einem bequemen

Sitzplatz, an dem Sie etwa eine halbe Stunde lang ungestört sind. Am besten sitzen Sie bequem aufrecht, ohne sich zurückzulehnen oder den Kopf abzustützen. Schicken Sie Ihre Haustiere aus dem Raum, und verbannen Sie das Smartphone gleich mit. Auch wenn das, was Sie tun werden, keine Anstrengung kostet, ist es dennoch besser, unnötige Ablenkungen so weit wie möglich zu vermeiden. Finden Sie also ein ruhiges Plätzchen, machen Sie es sich bequem und lassen Sie sich entspannt durch die einfachen Schritte der Eu-Gefühl-Technik führen.

Sollten Sie bereits mit *Quantum Entrainment* vertraut und in der Lage sein, des Eu-Gefühls problemlos sowohl mit offenen als auch geschlossenen Augen gewahr zu werden, dann können Sie das Erlernen der Eu-Gefühl-Technik überspringen. Eine kleine Auffrischung kann natürlich auch dem erfahrenen QE-Anwender nie schaden. Es sind zwanzig Minuten sinnvoll genutzte Zeit.

Gut! Es ist so weit! Machen Sie es sich bequem, schließen Sie die Augen und lauschen Sie der Audio-Anleitung.

Los geht's! Oder, halt! Sehe ich da noch ein Smartphone neben Ihnen liegen? Entfernen Sie alles aus dem Raum, was Sie ablenken könnte, und lassen Sie uns beginnen.

Die wichtigsten Punkte aus diesem Kapitel:

- Der erste Schritt Richtung Awefeeling ist das Entdecken des Eu-Gefühls.
- Das Eu-Gefühl ist bereits da und kann mühelos gefunden werden.
- Sie müssen Ihre Aufmerksamkeit lediglich dorthin verlagern, wo das Eu-Gefühl ist.

KAPITEL 10

EIN PAAR GEDANKEN ÜBER DAS DENKEN

Sie haben soeben die Eu-Gefühl-Technik erlernt. Ist das Eu-Gefühl in seiner Kombination aus Sanftheit und Dynamik nicht bemerkenswert? Sie verlagern einfach Ihr Gewahrsein darauf, und schon halten in Körper und Geist Entspannung und Frieden Einzug. In diesem unbefangenen Zustand organisiert sich Ihre gesamte Welt still hinter den Kulissen neu. Das natürliche Gleichgewicht von Körper, Geist und Körperchemie verbessert sich. Auch zwischen Ihrem Innenleben und der äußeren Welt entsteht eine bessere Balance, wodurch Sie mit mehr Freude bei dem sind, was Sie tun und darin auch erfolgreicher sind. Last but not least stärken Sie die Verbindung zwischen Ihrem kleinen Selbst und dem größeren stillen Selbst. Eine bedeutendere Verbindung kann es für einen Menschen nicht geben.

Das Erlernen der Eu-Gefühl-Technik hat zwei greifbare Vorteile. Zum einen bietet sie eine praktische und wirkungsvolle Form der Meditation. Wohl keine andere Meditationsmethode zeigt auf so einfache und effektive Weise innerhalb von Tagen Wirkung. Zum anderen können Sie nun jederzeit des Eu-Gefühls gewahr werden, ob mit offenen oder geschlossenen Augen. Diese neue Fähigkeit ebnet den Weg zum Erfahren von Awefeeling. Wir werden uns im nächsten Kapitel noch tiefer gehend damit beschäftigen, auf welche Weise das Eu-Gefühl Ehrfurcht belebt und intensiviert. Aber lassen Sie uns zunächst die Parallelen zwischen Eu-Gefühl und Meditation weiterverfolgen.

Wenn Sie auf der Suche nach einer effektiven Meditationstechnik sind, dann haben Sie sie bereits gefunden. Die Eu-Gefühl-Technik ist die einfachste und wirkungsvollste Form von Meditation, die ich kenne, denn gleich vom ersten Praktizieren an zeigen sich Ergebnisse. Innere Hindernisse, die normalerweise spirituellem Ausdruck und persönlichem Glück im Wege stehen, werden mühelos überwunden. „Mühelos" ist hier das Stichwort, denn all dies bedarf keiner Anstrengung von Ihrer Seite. Setzen Sie einfach nur die Eu-Gefühl-Technik ein – alles andere ergibt sich ganz von allein.

Alle Meditationstechniken, die ich praktiziert, erlernt oder über die ich gelesen habe, erfordern irgendeine Art von Anstrengung oder Kontrolle, und oft dauert es sehr lange, bis man sie beherrscht. Zum Erlernen einer neuen Meditationstechnik bittet man Sie womöglich, sich auf eine Kerzenflamme zu konzentrieren, liebevolle Gefühle zu entwickeln, Gedanken aus Ihrem Kopf zu verbannen, Energie fließen zu lassen, in Ihrer Vorstellung einen wunderschönen Strand entlangzulaufen und so weiter. Selbst bei Methoden, in denen es um das reine Beobachten geht, fordert man Sie auf, innere Unruhe zu vermeiden und einen einmal erreichten ruhigen Zustand festzuhalten. Jede Form der Anstrengung ist das Gegenteil von Mühelosigkeit. Eigentlich logisch, oder? Bei der Eu-Gefühl-Technik geht es einfach nur um die unbefangene Beobachtung dessen, was ist. Und das, „was ist", ist unser grundlegendes Gewahrsein des Eu-Gefühls.

Wenn Sie die Eu-Gefühl-Technik anwenden, dann versuchen Sie nicht, das Eu-Gefühl zu finden. Im Gegenteil.

Sie beobachten und warten einfach ab, was passiert. Nur in diesem unbefangenen und unbeteiligten Zustand wird sich das Eu-Gefühl zeigen und erscheint dann automatisch und auf beinahe wundersame Weise. Es ist das mühelose Beobachten der Verstandesaktivität und das Anerkennen des Eu-Gefühls, wenn es sich zeigt, das eine tiefgehende innere Transformation ermöglicht.

Sorgen Sie sich übrigens nicht, falls es Ihnen noch schwerfallen sollte, das Eu-Gefühl mit offenen Augen wahrzunehmen. Führen Sie die Technik, so wie Sie sie erlernt haben, einfach noch einige Male durch, und schon bald werden Sie feststellen, dass das Eu-Gefühl im Außen genauso geduldig auf Sie wartet, wie Sie es mit geschlossenen Augen erlebt haben.

Zu den häufigsten Missverständnissen beim Einsetzen der Eu-Gefühl-Technik gehört die Vorstellung, man müsse die Gedanken verbannen oder das Eu-Gefühl auf irgendeine Weise festhalten. Beides ist nicht notwendig. Die Eu-Gefühl-Technik ist einfach, ja man könnte sie sogar als die Essenz der Einfachheit bezeichnen. Sie müssen Ihr Gewahrsein lediglich von dem Ort, an dem es sich befindet, an denjenigen verlagern, zu dem es als nächstes wandert. Wenn Ihnen beispielsweise Gedanken durch den Kopf gehen, dann müssen Sie sich nicht sagen: „Oh Mist, jetzt denke ich schon wieder, dabei soll ich doch das Eu-Gefühl wahrnehmen. Ich muss ganz unbedingt meine Gedanken loswerden. Haut ab, ihr blöden Gedanken!"

Sehen Sie, was ich meine? Sie haben gerade Stress und Ängste mit ins Spiel gebracht und damit das genaue Gegenteil dessen, was passiert, wenn Sie anerkennen, dass Gedanken etwas ganz Normales sind und immer kommen und gehen werden. Was also können Sie tun, wenn Sie bemerken, dass Sie ins Denken gekommen sind? Nun, wenn

Ihnen dies bewusst wird, dann sagen Sie sich einfach: „Oh, meine Gedanken kreisen schon wieder. Gar kein Problem. Ich werde einfach wieder das Eu-Gefühl wahrnehmen." Das ist alles.

Sie könnten auch sagen: „Ich bemerke, dass ich schon wieder denke. Ich werde versuchen, das Eu-Gefühl wiederzufinden, und diesmal halte ich es fest. Frank hat gesagt, ich sollte das Eu-Gefühl wahrnehmen, also halte ich auf Teufel komm raus daran fest, egal, wie mühsam das alles ist."

Schwirrt Ihnen schon der Kopf? Kein Wunder, denn weder der Versuch, das Eu-Gefühl festzuhalten noch derjenige, die Gedanken zu vertreiben führt zum gewünschten Ziel – dem sanften und beruhigenden Gewahrsein des Eu-Gefühls. Die Eu-Gefühl-Technik unterscheidet sich grundlegend von anderen Methoden. Jede Anstrengung, Gedanken zu verbannen oder das Eu-Gefühl festzuhalten, bringt den gesamten Prozess zum Stillstand. Sie sind des Eu-Gefühls vermutlich nur für zwei bis drei Sekunden gewahr, bevor die Gedanken wieder anfangen, fröhlich in Ihrem Gehirn zu kreisen. Das ist in Ordnung. Wie lange Sie des Eu-Gefühls gewahr sind, ist unwichtig. Es entfaltet in jedem Fall seine Wirkung.

Alles klar? Es ist unwichtig, ob Sie des Eu-Gefühls für fünf Minuten oder fünf Sekunden gewahr sind. Ich scherze nicht. Ich weiß, dass dies für unseren zeitorientierten Verstand keinen Sinn ergibt, und dennoch ist es so. Machen Sie sich also keine Sorgen darüber, wie lange Sie im Eu-Gefühl verweilen beziehungsweise wie häufig oder lange Gedanken auftauchen. Ihre einzige Aufgabe besteht darin, dass Sie Ihr Gewahrsein wieder sanft auf das Eu-Gefühl verlagern, sobald Sie bemerken, dass Sie ins Denken kommen. Das ist alles. Ganz schön einfach, oder?

Gedanken werden immer da sein. Sie sind ein notwendiger und nützlicher Teil des QE-Prozesses. Andere Methoden verlangen vielleicht, dass Sie Ihren Kopf von Gedanken befreien und wollen Sie glauben machen, dass es Jahre dauern kann, bis Ihnen dies gelingt. Hier gibt es solche Begrenzungen nicht. Tatsächlich haben Sie Ihren Kopf mühelos innerhalb von Sekunden freigemacht, als es um das „Nichts“ in der Eu-Gefühl-Technik ging, nicht wahr? Sie haben einfach nur beobachtet und darauf gewartet, dass zwischen den Gedanken das Nichts auftaucht. Oder Sie haben über die Gedanken hinausgeblickt und dort das Nichts gefunden. Da, wo ich herkomme, lässt man das Wort „versuchen“ nicht gelten. Denken Sie immer daran und ich verspreche Ihnen: Das Eu-Gefühl wird Sie in den belebenden Wassern von Gesundheit, Harmonie und Glück baden.

Wenn Sie die Eu-Gefühl-Technik einsetzen – und bald auch die Awefeeling-Methode – was machen Sie dann, wenn Sie nichts „versuchen“? Nun, die Antwort lautet: Beobachten. Schauen Sie einfach wie ein neugieriger, unbeteiligter Beobachter, was passiert. Erinnern Sie sich an die Übung, die wir eben gemacht haben, bei der Sie einer Blume oder eines Bergs gewahr werden sollten? Erinnern Sie sich, wie Ihr Gewahrsein mühelos von der Blume zum Berg gewandert ist? Wiederholen wir es doch gleich noch einmal. Denken Sie an eine Blume. Denken Sie an einen Berg. Einfach, oder?

Sie müssen sich nur zwei einfache Regeln merken. Erstens: Das, wessen Sie gerade gewahr sind – Gedanken, Nichts oder Eu-Gefühl – ist in dem Moment genau richtig. Und zweitens: Wenn Sie bemerken, dass Sie denken, dann kehren Sie wieder zum Eu-Gefühl zurück. Das ist schon alles! Wenn wir des Eu-Gefühls gewahr sind, und bald auch des Awefeeling, dann lassen wir unser Gewahrsein einfach von dem, was ist, zu dem wandern, was als nächstes kommt. Kurz gesagt: Es geht nicht ums Versuchen.

Die Eu-Gefühl-Technik wurde ursprünglich als *Self QE* oder *QE Self Session* bezeichnet (QE-Sitzung selbst durchführen). Wenn Sie die Eu-Gefühl-Technik als Meditationsform erkunden wollen, dann können Sie den *Leitfaden zur eigenen QE-Anwendung* (*Self Session Guidelines*) von der Website der VAK Verlag GmbH herunterladen unter www.vakverlag.de/downloads. Er ist kostenlos und wird dafür sorgen, dass Sie aus Ihrem Verweilen im Eu-Gefühl maximalen Nutzen ziehen.

Sie haben nun eine Fähigkeit erworben, die – wie Sie bald schon sehen werden – Ihnen einen Platz in der ehrenwerten Runde der Erleuchteten sichert. Sie werden den Rest Ihres Lebens vom Eu-Gefühl profitieren. Aber noch ist nicht die Zeit, um sich auf Ihren Lorbeeren auszuruhen. Der durchschlagende Erfolg stellt sich nämlich erst ein, wenn wir der Gleichung ein weiteres Element hinzufügen. Falls Sie sich jetzt fragen, von welchen Erleuchteten und welcher Gleichung ich da rede – machen Sie einfach beim nächsten Kapitel weiter.

Die wichtigsten Punkte aus diesem Kapitel:

- Die Eu-Gefühl-Technik vereinigt das kleine Selbst mit dem stillen Selbst.
- Die Eu-Gefühl-Technik erfordert weder Konzentration noch Fokussierung oder Kontrolle.
- Sie müssen nur abwarten, beobachten und schauen, was passiert.

- Versuchen Sie NIEMALS, Ihre Gedanken zu verbannen oder am Eu-Gefühl festzuhalten.
- Sie werden sehr schnell und ohne Anstrengung Ergebnisse erzielen.

KAPITEL 11

EU-GEFÜHL, EHRFURCHT UND ERLEUCHTUNG

Laut Abraham Maslow, einem Pionier in der Positiven Psychologie, der definierte, was es bedeutet, ein voll funktionsfähiges menschliches Wesen zu sein, macht Ihr Erleben des Eu-Gefühls Sie zu etwas Besonderem. Nur rund ein Prozent der Weltbevölkerung kann sich regelmäßig mit dem Eu-Gefühl verbinden und von den erstaunlichen und weitreichenden Vorteilen für Körper, Geist und Seele profitieren. Als erfahrener QE-Praktizierender entwickeln Sie automatisch die Verhaltensweisen derjenigen Menschen, die Maslow als *Transcender* bezeichnet, und ziehen den gleichen Nutzen daraus. *Transcender* leben einen höheren Ausdruck menschlichen Potenzials. Sie sehen das Heilige in allen Dingen – etwas, das auch ein Merkmal von Ehrfurcht ist. Wahrheit, Schönheit, Güte und Einheit sind das, was sie antreibt. Häufig sind sie innovativ und entdeckungsfreudig, humorvoll und liebenswert, und man hält sie meist für besonders spirituell oder von Natur aus gut.

Erinnern Sie sich noch an das Matroschka-Modell, das wir betrachtet haben? *Transcender* sind die lebendige Verkörperung der vierten, am höchsten entwickelten Ebene von Ehrfurcht. Sie finden eine höhere Bedeutung im Leben, können über das Ego des kleinen Selbst hinausgehen, pflegen stärkere Verbindungen zur Natur und zu anderen Menschen und sind großzügig.

Ich schneide das Thema Erleuchtung hier vor allem an, weil es durch Mystizismus und Missverständnisse einen seltsamen Anstrich bekommen hat. Maslow hat zwar nicht explizit von Erleuchtung gesprochen, aber er erforschte Menschen, die außergewöhnliche Eigenschaften aufwiesen und entwickelte dann auf der Grundlage seiner Forschungen eine tragfähige wissenschaftliche Theorie. Erleuchtung ist keine Utopie. Sie ist greifbar und erreichbar. Den ersten Schritt dorthin haben Sie bereits getan.

Vielleicht fragen Sie sich, warum das Eu-Gefühl eine so wichtige Rolle beim Erzielen des größten und schnellsten Nutzens aus Ehrfurcht spielt. Eine berechtigte Frage. Das Eu-Gefühl bildet die Grundlage für inneres Wachstum. Durch das Wahrnehmen des Eu-Gefühls erfahren wir unmittelbar das Nichts, aus dem Alles kommt. Wir können so befreit über die Manipulation des Ego, des kleinen Selbst, hinausdenken und fühlen.

Die Sache ist die: Selbst wenn Sie noch kein *Transcender* sind, können Sie einer werden. Genauer gesagt sind Sie eine Art heimlicher *Transcender*, denn dieser Teil von Ihnen ist bereits da und muss nur noch hervorgelockt werden. Ihr großes Selbst verbirgt sich hinter dem gespaltenen Bewusstsein Ihres kleinen Selbst. Es besteht keine Verbindung zwischen beiden. Rund 99 Prozent aller Menschen geht es so. Unsere Bemühungen sind nach außen gerichtet. Nie sind wir ganz zufrieden, immer wollen wir mehr und mehr. Wenn Ihnen zuweilen die Spaltung bewusst wird, die zwischen Ihren beiden Selbst klafft, dann haben Sie sich sicher auch schon einmal gefragt: Ist das alles, was das Leben zu bieten hat? All Ihre Bedürfnisse scheinen im Grunde befriedigt, und dennoch ist da das Gefühl einer Lücke. Was Ihnen genau fehlt? Ein

Gewahrsein Ihres transzendenten Selbst, das größer als Ihr Ego ist. Und das finden Sie im Eu-Gefühl.

Alles, was Sie benötigen, befindet sich bereits in Ihnen. Ich glaube, dass die meisten von uns unter den richtigen Bedingungen ganz von selbst *Transcender*-Eigenschaften entwickeln. Ich habe es viele Male erlebt, dieses Einswerden von innen und außen. Der geschäftige Verstand kommt zur Ruhe und fällt nach innen in die offenen Arme des Eu-Gefühls. Belebt durch das klare Licht, das im Awefeeling nach außen strahlt, recken sich dann die Blüten der Sonne entgegen – eine Transformation, die ganz wunderbar anzusehen ist.

Wir haben weitestgehend den Kontakt zu Mutter Natur verloren und leben in beengten, lauten und schadstoffbelasteten Umgebungen, die so gar nichts mit unserem ursprünglichen Lebensraum gemein haben. Kein Land ist frei davon und kaum jemand entkommt dem hypnotischen Flüstern, das uns andauernd einredet, dass wir immer mehr brauchen. Ständig zunehmender Stress und Stagnation sind die Folge – willkommen in der neuen Normalität.

Ich plädiere hier nicht dafür, dass wir alle wieder draußen in der Natur leben sollten. Ganz und gar nicht. Mir geht es vielmehr darum, dass wir zu unserer essenziellen Natur zurückkehren. Sie ist immer noch da, verborgen unter all dem mentalen Strand- und Treibgut, das sich in vielen Generationen des „Fortschritts" angesammelt hat. Da ist ein Universalschraubenschlüssel im Getriebe unseres Überlebensmechanismus am Werk. Dieser Mechanismus war ursprünglich dafür gedacht, ab und an ausgelöst zu werden, wenn unser Leben wirklich in Gefahr war. Heute stellt bereits jeder Schemen eine neue potenzielle Bedrohung dar. Eine harmlose Rolle Seil wird für eine bedrohliche Giftschlange gehalten, die kurz davorsteht, zuzuschlagen.

Hupende Autos, die Sirenen von Krankenwagen und Polizeifahrzeugen, schlechte Nachrichten rund um die Uhr, eine negative Reaktion auf einen Post in den sozialen Medien, die Pandemie, Einkommensverluste, steigende Lebenshaltungskosten, Eheprobleme, Suchtprobleme, internationale Unruhen, die Erderwärmung – all das triggert ständig unseren Kampf-oder-Flucht-Mechanismus. Einen Moment, ich glaube, ich brauche kurz ein paar Sekunden Zeit, um mich mit Awefeeling wieder aufzuladen!

Ah! Schon besser. Ich wollte mich gar nicht so mitreißen lassen, aber so sieht unsere Wirklichkeit aus, nicht wahr? Und wir denken auch noch, dass diese hektische, zielbesessene Existenz normal ist. Das ist sie aber nicht! Aus Sicht der Evolution sind wir immer noch Jäger und Sammler, die ihren Tag ganz in Ruhe mit Jagen und Sammeln verbringen. Uns fehlen die genetischen Werkzeuge, um mit den nahezu ständigen Angriffen, die das moderne Leben Körper, Geist und Seele zumutet, umzugehen. Nun ja, das stimmt nicht ganz.

Denn hier kommt Awefeeling ins Spiel. Das mühelose Öffnen des Bewusstseins für alles, was das Menschsein ausmacht. Ein Moment der absoluten Harmonie. Wir schlüpfen instinktiv in die Haut unserer frühen Vorfahren, die mit Muße beobachteten, wie die Sonne auf den kleinen Wellen eines ruhigen Teichs glitzert. Die schlafenden Gene der Urzeit erwachen wieder zum Leben. Wir befreien uns von den Lasten, die uns niederdrücken, und erlangen die Freiheit, wieder ganz Mensch zu sein.

Was uns zurück zu Maslows *Transcendern* und der Idee der Erleuchtung bringt. In der Kurzfassung ist ein *Transcender* eine Person, „die sich etwas hingibt, das über sie selbst hinausgeht“. Hierzu muss man das erfahren, was jenseits des kleinen Selbst liegt. Zum Glück haben wir hier bereits einen Fuß in der Tür, denn sowohl das Eu-Gefühl als auch die Ehrfurcht dehnen unser Bewusstsein über alle Grenzen und das kleine Selbst hinaus aus. Das Eu-Gefühl löst unsere innere Vorstellung des Selbst in Nichts auf. Ehrfurcht tut das Gleiche im Außen. Beide zusammen katapultieren uns in ganz neue Dimensionen – sofortige Erleuchtung inbegriffen.

Nun gut! Die Zeit scheint mir nun wirklich gekommen, den nächsten Schritt zu gehen. Ihre Beziehung zum Eu-Gefühl gedeiht. Sie sind bereit, die Awefeeling-Methode zu erlernen und zu verstehen, worum es bei dieser ganzen Aufregung eigentlich geht. Ich muss nicht fragen, ob Sie bereit sind, denn ich weiß, dass es so ist.

Deshalb geht es jetzt auch ohne weitere Umschweife zum nächsten Kapitel.

Die wichtigsten Punkte aus diesem Kapitel:

- Erleuchtung ist greifbar und erreichbar.
- Das Eu-Gefühl fördert erleuchtetes Verhalten.
- Das Awefeeling vervollständigt die Erfahrung von Erleuchtung.

KAPITEL 12

DIE AWEFEELING-METHODE

Krempeln wir also unsere Ärmel hoch und gehen wir ans Werk! Sie beginnen die Awefeeling-Sitzung mit geschlossenen Augen. So werden Sie weniger leicht durch visuelle Reize abgelenkt und die Erfahrung wird intensiver. Wenn der Prozess Ihnen später in Fleisch und Blut übergegangen ist, können Sie auch mit offenen Augen ins Awefeeling eintauchen. Dann können Sie jederzeit und überall des Awefeeling gewahr werden, beispielsweise wenn Sie fasziniert eine Raupe oder einen Regentropfen, der langsam an einer Fensterscheibe herunterrinnt, beobachten.

Wenn Sie die Eu-Gefühl-Technik bereits mehrfach angewendet haben, werden Sie mit dem Eu-Gefühl vertraut sein. Das Eu-Gefühl verbindet sich mit der Ehrfurcht, um die erweiterte Erfahrung zu ermöglichen, die ich als „Awefeeling“ bezeichne. Wenn Sie sich nicht sicher sind, ob Sie das Eu-Gefühl erleben, dann liegt es wahrscheinlich daran, dass Sie sich zu sehr anstrengen, es zu finden. Vielleicht suchen Sie nach etwas, das sich besonders anfühlt oder stark ausgeprägt ist oder erwarten, dass das Eu-Gefühl Ihnen ins Auge springt wie ein blinkendes „Hier bin ich“-Schild. Aber so ist es nicht. Erinnern Sie sich an unser Gleichnis mit dem Nebel? Der hauchdünne Nebel sammelt sich auf der offenen, bewegungslosen Hand. Die sanfte Präsenz des Eu-Gefühls zeigt sich dem geduldigen und aufmerksamen Geist.

Während das Awefeeling überwältigend sein kann, ist das Gewahrsein des Eu-Gefühls nahezu immer von zarter Natur – ein Wohlgefühl, das geduldig darauf wartet, von Ihnen wahrgenommen zu werden. Und mehr müssen Sie auch gar nicht tun, um des Eu-Gefühls gewahr zu werden. Sie müssen es nicht verstärken oder Ihre volle Aufmerksamkeit auf es richten. Sobald Sie des Eu-Gefühls gewahr geworden sind, sind Sie angekommen. Mehr ist gar nicht erforderlich.

Vergessen Sie das reine Eu-Gefühl nicht. Vielleicht haben Sie den Eindruck, nichts zu fühlen, sind aber ruhig und entspannt. Beide Erfahrungen sind das Eu-Gefühl – sowohl das ruhige Nichts als auch ein gutes Gefühl wie Leichtigkeit, Weite, Frieden, Zufriedenheit, Dankbarkeit, Glückseligkeit oder Liebe.

Ich schlage vor, dass Sie in der Zeit, in der Sie die Awefeeling-Methode erlernen, jede Sitzung damit beginnen, ein paar Minuten lang die Eu-Gefühl-Technik zu praktizieren. Das beruhigt Ihre Gedanken, es entspannt Ihren Verstand und bringt Sie in Berührung mit dem Eu-Gefühl. Vielleicht müssen Sie auch nur ein paar Mal mit der Eu-Gefühl-Technik anfangen. Ihr Geist liebt das Eu-Gefühl und wird – nun da er weiß, wo er es findet – häufig bei ihm vorbeischauen.

Die Awefeeling-Methode besteht aus vier kurzen Schritten. Suchen Sie sich zunächst einen ruhigen Ort, an dem Sie für mindestens 20 Minuten ungestört sind. So haben Sie genügend Zeit, um die einfachen Schritte mehrmals zu durchlaufen. Bald darauf werden Sie lernen, Awefeeling auch mit offenen Augen zu erleben. Anschließend sind Sie bereit dafür, sich allein auf den Weg zu machen und eine Welt voller Ehrfurcht zu bestaunen.

Ein wichtiger Hinweis noch: Da Sie die Augen geschlossen haben, müssen Sie die Schritte vorher aufnehmen und die Anleitung während der Übung abspielen. Lassen Sie sich Zeit und sprechen Sie mit sanfter, ruhiger Stimme. Ich habe am Ende jeder Zeile die ungefähre Zeit angegeben, die Sie vor der nächsten Anweisung verstreichen lassen sollten. Das sind nur Vorschläge, Sie müssen sie nicht exakt einhalten. Wichtig ist, dass Sie sich nicht gehetzt fühlen. In Ruhe und ohne Anstrengung lautet die Devise. Wenn Sie über ein gutes Gedächtnis verfügen, werden Sie die Schritte schnell verinnerlicht haben. Prüfen Sie trotzdem nach den ersten Sitzungen immer noch einmal nach, und nehmen Sie entsprechend Korrekturen vor, um wirklich genau nach Anleitung vorzugehen.

Also gut, jetzt sind Sie bereit. Machen Sie es sich bequem, wenden Sie ein oder zwei Minuten lang die Eu-Gefühl-Technik an, schalten Sie Ihr Abspielgerät ein und befolgen Sie diese einfachen Schritte.

Die Awefeeling-Methode (mit geschlossenen Augen)

- Werden Sie des Eu-Gefühls gewahr – beobachten Sie entspannt das Eu-Gefühl und sehen Sie, was passiert. (2–3 Sekunden)
- Werden Sie einer Person gewahr, die Sie zutiefst lieben. (10–20 Sekunden)
- Gestatten Sie sich, diese Liebe tief zu spüren.
- Werden Sie gewahr, welche Gefühle dies bei Ihnen auslöst.
- Lassen Sie die Person gehen, aber bleiben Sie bei dem Gefühl. (10–20 Sekunden)
- Nehmen Sie nur das reine Gefühl wahr

- Lassen Sie zu, dass das Gefühl sich ausdehnt.
- Lassen Sie es Ihren ganzen Körper ausfüllen. (10–20 Sekunden)
- Jedes Organ, jede Zelle, Ihre innerste Essenz
- Lassen Sie das Gefühl sich weiter ausdehnen, bis es den gesamten Raum ausfüllt. (10–20 Sekunden)
- Lassen Sie das Gefühl sich jetzt auf alles ausdehnen. (10–20 Sekunden)
- Die gesamte Erde
- Die gesamte Schöpfung
- Lassen Sie das Gefühl sich über die Schöpfung hinaus ins Nichts ausdehnen. (10–20 Sekunden)
- Werden Sie in dieser ruhigen Stille kurz gewahr, was Sie gerade fühlen oder denken.

Sehr gut! Nehmen Sie sich einen Moment Zeit und spüren Sie nach, wie Sie sich fühlen. Ist da ein Gefühl von Weite oder Leichtigkeit? Vielleicht auch von Staunen, Überraschung, Demut, Dankbarkeit, Liebe, Hoffnung, Seligkeit, Begeisterung? Wie sieht es mit Ihrem Verstand aus, der begreift, analysiert und Entscheidungen trifft? Ist er sprachlos? Spüren Sie ein Gefühl der Klarheit oder dass es da draußen mehr gibt, als Sie wissen oder verstehen können? Vielleicht fühlen Sie sich klein. Das ist in Ordnung, denn Sie wissen, dass das, was größer als Sie ist, etwas Gutes ist. Ihr Erleben kann dem hier Geschilderten ähneln, kann aber auch anders aussehen. In jedem Fall werden Sie einen gewissen Grad an Entspannung empfinden sowie ein Gefühl von Weite und Wohlbefinden.

Die Intensität der Erfahrung ist kein Maßstab für den Erfolg. Ihr Erleben des Awefeeling kann überwältigend sein, aber wahrscheinlich ist es zunächst einmal eine stille Erkenntnis, dass es etwas gibt, dass über die Welt des Greifbaren hinausgeht – etwas, das die normale Wahrnehmung übersteigt. Das ist der zarte Anfang, der kleine Schössling, der zu einem majestätischen Baum heranwachsen wird. Gehen Sie sorgsam damit um, und nähren Sie ihn täglich. Lassen Sie ihn so an Stärke und Anmut gewinnen.

Das durch die Übung ausgelöste Awefeeling geht über Denken und Fühlen hinaus, denn das Erleben übersteigt beides. Gleichzeitig regt es kraftvoll unsere Emotionen an und wir beginnen, über das Undenkbare nachzusinnen. Awefeeling liegt jenseits des Denkens und Fühlens und ist dennoch eng mit beidem verwoben. Seine Kraft und Schönheit liegen in seiner Fähigkeit, uns unsere Schwachheit offenzulegen und uns gleichzeitig zu zeigen, dass wir mehr als das sind, mehr als unsere Verletzungen. Es gibt einen unerklärbaren Teil in uns, der all unsere Sorgen und Herausforderungen, Freuden und Glücksmomente übersteigt. Ein Teil, der heil und offen ist und jenseits des Zugriffs unseres täglichen Haderns auf uns existiert. Intuitiv wissen wir, dass wir größer als unser Kleines Ich sind. Wir können diese Präsenz spüren, auch wenn sie auf der Verstandesebene nicht greifbar ist. An der Schwelle zur Unendlichkeit, die er nicht überschreiten kann, verstummt der Verstand.

Vielleicht haben Sie auch einfach nur ein Gefühl der Entspannung wahrgenommen. Das ist auch in Ordnung. Wir stehen schließlich erst am Anfang unserer Reise, die noch viel mehr für uns bereithält.

Die wichtigsten Punkte aus diesem Kapitel:

- Die Awefeeling-Methode besteht aus vier kurzen Schritten.
- Die Intensität der Erfahrung ist kein Gradmesser für den Erfolg.
- Awefeeling geht über Denken und Fühlen hinaus.
- Awefeeling trägt uns über die Möglichkeit, verletzt zu werden, hinaus.

KAPITEL 13

WIE ICH AWEFEELING ANWENDE

Im Folgenden werde ich die Awefeeling-Methode durchführen und mit Ihnen teilen, was ich währenddessen wahrnehme. Auf diese Weise können Sie den Flow spüren und eine Vorstellung davon bekommen, wie eine Awefeeling-Sitzung aussieht. Sind Sie bereit?

Franks Awefeeling-Sitzung

Werden Sie des Eu-Gefühls gewahr – beobachten Sie entspannt das Eu-Gefühl und sehen Sie, was passiert.

Ich bin des Eu-Gefühls gewahr. Im Moment fühlt es sich für mich wie ein leichtes und sprudelndes Gefühl von Seligkeit an. Ich beobachte es für einige Sekunden um zu schauen, was passiert. Das Gefühl bleibt relativ konstant, wird vielleicht lediglich ein wenig stiller und feiner. Ich fühle mich ruhiger und zentriert.

Werden Sie einer Person gewahr, die Sie zutiefst lieben.

Ich denke an meine Mutter, die vor einigen Jahren verstorben ist. Ich sehe ihr Lächeln und ihre strahlenden Augen vor mir. Sie sagt etwas zu mir und wir beginnen beide, zu

Absender:

Name

Straße / Hausnr.

PLZ Ort

Land

Telefon

Telefax

E-Mail

Bitte ausreichend frankieren

Deutsche Post

ANTWORT

VAK Verlags GmbH
Eschbachstraße 5
79199 Kirchzarten
Deutschland

lachen. Ich verspüre eine Mischung aus grenzenloser Freude und Liebe. Mein Herz ist ganz erfüllt.

Lassen Sie die Person gehen, aber bleiben Sie bei dem Gefühl.

Ich lasse das Bild meiner Mutter los. In meiner Vorstellung bewegt sie sich nach links und ist fort. Ich nehme weiterhin das Gefühl wahr, das ich im Zusammensein mit ihr hatte. Nun spüre ich ganz diese wunderbare Mischung aus Liebe und Freude. Sie ist ohne einen Anlass vorhanden, ist reine Emotion.

Lassen Sie zu, dass das Gefühl sich ausdehnt.

Im Gewahrsein reiner Liebe und Freude werde ich meines gesamten Körpers gewahr. Das erfordert keinerlei Anstrengung. Ich bin einfach nur gleichzeitig des Liebe-Freude-Gefühls und meines Körpers gewahr. Ich bin meines gesamten Körpers, ausgefüllt mit dieser Mischung aus Liebe und Freude gewahr.

Ich lasse das Gefühl weiter in den Raum fließen und ihn bis in jede Ecke ausfüllen.

Liebe und Freude dehnen sich weiter aus und durchdringen alles auf der Erde, in der Erde und um die Erde herum.

Mein Liebe-Freude-Gefühl dehnt sich noch weiter aus und durchdringt unser Sonnensystem, unsere Galaxie, alle Galaxien, die gesamte Schöpfung.

Mein Gefühl dehnt sich bis über das Universum hinaus aus. Die gesamte Schöpfung löst sich in Nichts auf. Meine wundervolle Mischung aus Liebe und Freude ist so zart, dass sie fast nicht vorhanden oder still überall vorhanden ist.

Sie haben die Awefeeling-Methode in Schritten erlernt, aber Sie sehen, wie fließend sie sich entfaltet. Jeder Schritt geht flüssig in den nächsten über. Mit ein wenig Übung gelangen Sie in weniger als 30 Sekunden ins Awefeeling – aber keine Sorge, es ist kein Wettbewerb und niemand stoppt die Zeit.

Die wichtigsten Punkte aus diesem Kapitel:

- Im Gewahrsein des Eu-Gefühls sein, ganz leicht und fein.
- Das Bild der Mutter weckt eine Mischung aus Liebe und Freude.
- Das Bild geht und es bleibt nur das reine Liebe-Freude-Gefühl.
- Das Gefühl dehnt sich im Körper aus, im Raum, in der Schöpfung und darüber hinaus.

KAPITEL 14

DAS AWEFEELING-PARADOX

Sie haben nun Awefeeling mindestens einmal selbst angewendet und einen Einblick in eine meiner persönlichen Awefeeling-Sitzungen erhalten. Werfen wir nun einen genaueren Blick auf die einzelnen Schritte. Bedenken Sie dabei, dass wir die Lupe auf einen Prozess richten, der nur Sekunden in Anspruch nimmt, sobald Sie ihn erst einmal flüssig beherrschen. Und genau darum geht es in diesem Kapitel, nämlich wie Sie in den Flow kommen.

So sehen die vier einfachen Schritte der Awefeeling-Methode kurz zusammengefasst aus:

- Werden Sie des Eu-Gefühls 2–3 Sekunden lang gewahr, und beobachten Sie, was passiert.
- Nehmen Sie den Gegenstand der Ehrfurcht und welche Gefühle er auslöst wahr.
- Lassen Sie den Gegenstand los, und nehmen Sie allein das reine Gefühl wahr.
- Gestatten Sie dem Gefühl, sich auszudehnen
  - auf den gesamten Körper
  - auf den gesamten Raum
  - auf die gesamte Schöpfung
  - über die Schöpfung hinaus

Sehen wir uns diesen Prozess nun einmal genauer an.

Die Tatsache, dass wir die Awefeeling-Sitzung mit dem Eu-Gefühl beginnen, soll Sie lediglich sanft an sein

Vorhandensein erinnern. Sie halten inne und nehmen wahr, wie sich das Eu-Gefühl zeigt. Sie warten einfach auf die sanfte Äußerung eines Wohlgefühls wie Freude, Gelassenheit oder ein leises Prickeln der Begeisterung. Etwas, das sich gut anfühlt. Mehr braucht es nicht. Sie werden das Gefühl beim Innehalten finden.

Wir versuchen nicht, ein gutes Gefühl zu erzeugen. Überhaupt nicht. Tatsächlich wird sogar jeder Versuch, künstlich eine positive Emotion hervorzurufen, die gegenteilige Wirkung haben. Sie tun also nichts und warten einfach, bis sich das Eu-Gefühl zeigt. Und denken Sie daran, dass es wahrscheinlich sehr schwach wahrnehmbar sein wird, aber versuchen Sie nicht, es stärker werden zu lassen, sondern warten Sie einfach darauf und beobachten Sie es. Klar soweit? Wunderbar!

Das Eu-Gefühl ist immer da, selbst in sehr turbulenten Zeiten. Das Eu-Gefühl ist immer da, aber häufig sind wir durch all die Gedanken abgelenkt, die uns durch den Kopf schießen. Wir müssen nicht versuchen, das Eu-Gefühl entstehen zu lassen. Wir müssen seiner lediglich gewahr werden. Wenn wir diese kurze Pause einlegen, halten unsere Gedanken für einen Moment ebenfalls an. In diesem kurzen Moment der Stille wartet das Eu-Gefühl auf uns. Es ist so, als warteten wir darauf, dass die Wellen auf einem Teich sich legen, sodass wir auf seinen Grund schauen können. Beim Innehalten warten Sie darauf, dass die Wellen Ihrer Gedanken zur Ruhe kommen, sodass Sie bis zum Grund Ihres Geistes sehen können. Und da findet sich das Eu-Gefühl!

Sobald Sie des Eu-Gefühls gewahr sind, beobachten Sie es einfach nur. Es wird sich auf irgendeine Weise verändern. Es kann sich etwas verstärken oder sehr schwach werden. Vielleicht verschwindet es auch ganz oder wandelt sich in andere Ausdrucksformen von Eu-Gefühl. So kann beispielsweise ein ruhiges Gefühl der Behaglichkeit zu Frieden oder Dankbarkeit werden. Das lässt sich nicht steuern und ist auch gänzlich unwichtig. Sie sind einfach nur hier, um das Eu-Gefühl zu beobachten – ganz gleich, was es macht. Beobachten Sie das Eu-Gefühl zwei bis drei Sekunden lang oder auch länger, wenn Sie mögen. Dann fahren Sie mit dem nächsten Schritt der Awefeeling-Methode fort.

Wenn Sie an eine Person denken, die Sie sehr lieben, dann können Sie immer die gleiche Person wählen oder auch wechseln. Genießen Sie einfach die innere Begegnung mit dieser Person und lassen Sie das Gefühl, das sich dabei einstellt, anwachsen. Lassen Sie die Person dann gehen und bleiben Sie bei dem Gefühl. Das, was zurückbleibt, ist reines Fühlen. Das Gewahrsein für das reine Gefühl fördert eine tiefere Wertschätzung, die über den bindenden Einfluss physischer Grenzen hinausgeht. Diese Wertschätzung des Formlosen bereitet Sie auf die spirituelle Erfahrung der Ehrfurcht vor.

Lassen Sie nun zu, dass das Gefühl Ihren gesamten Körper durchströmt. Werden Sie zunächst Ihres gesamten Körpers gewahr, dann des Gefühls und anschließend des Körpers und des Gefühls zusammen. Dehnen Sie das Gefühl nun über Ihren Körper hinaus aus, sodass es den Raum erfüllt und alles, was sich darin befindet. Lassen Sie es sich auf die gesamte Erde ausdehnen und alles, was sich darauf und rundherum befindet. Weiter und weiter dehnt es sich aus, bis es unser Sonnensystem durchflutet, unsere Galaxie, alle Galaxien und die gesamte Schöpfung. Das Gefühl lässt schließlich selbst die Schöpfung hinter sich und löst sich in Nichts auf.

Was dann passiert, hängt ganz von Ihnen ab. Awefeeling-Erfahrungen können sich ähneln oder sehr verschieden sein. Denken Sie daran: Sie versuchen nicht, gezielt eine Erfahrung zu machen. Sie beobachten lediglich aufmerksam, welche Erfahrung stattfindet. Beobachten Sie sie, genießen Sie sie und gehen Sie in ihr auf. Nachdem sich Ihr Gefühl über die Schöpfung hinaus ausgedehnt und in Nichts aufgelöst hat, lassen Sie alles los und beobachten einfach still Ihre Gedanken und Gefühle.

Lassen Sie mich kurz am Rande einwerfen, dass meine Awefeeling-Erfahrung in der Beschreibung womöglich überwältigender klang, als sie war. Vielleicht entstand vor Ihrem geistigen Auge ein Bild, wie ich mich völlig entrückt auf dem Boden wälzte, während Wogen der Glückseligkeit über mich hinwegfluteten. Vergessen Sie's. In meiner Beschreibung mag die Erfahrung wie etwas Übernatürliches oder vollkommen Überwältigendes gewirkt haben. Zwar habe ich schon davon gehört, dass ekstatische Zustände eintreten können, aber ich persönlich habe diese Art von vollständiger Auflösung im Zustand der Ehrfurcht noch nie erlebt. Auch den Menschen, die ich die Methode gelehrt habe, ist es bislang nicht so ergangen. Eher das Gegenteil ist zutreffend.

Lassen Sie mich eines klar sagen: Auch wenn Awefeeling ganz sicher die verletzten und beschädigten Teile Ihrer Welt kitten kann, so wirkt es doch eher still im Hintergrund und überrascht Sie von Zeit zu Zeit mit Einsichten in alte Probleme und Inspirationen zur Bewältigung von aktuellen Herausforderungen. Das Awefeeling, das wir mit der Awefeeling-Methode wecken, ist sanft und inspirierend. Es mag Ihnen einen Moment lang den Atem nehmen oder Sie kurz erstarren lassen, doch läuft es grundsätzlich eher ruhig ab.

Wenn Sie aufhören, macht Awefeeling von allein weiter. Absichtsloses Beobachten dessen, was sich in der

Stille nach der Übung entfaltet, wird schon bald zu einem Gedanken oder einem Gefühl bezüglich der Erfahrung führen. Das ist der Punkt, an dem Sie am wahrscheinlichsten das Awefeeling-Paradox erleben – genauso wie es mir am Ende meiner Sitzung ergangen ist, als ich schrieb: „Die gesamte Schöpfung löst sich in Nichts auf. Meine wundervolle Mischung aus Liebe und Freude ist so zart, dass sie fast nicht vorhanden oder still überall vorhanden ist."

Ich hatte transzendente Gedanken und Gefühle. In meinen Gefühlen verschmolzen grenzenlose Freude und Liebe auf unbeschreibliche Art. Es fühlte sich wie eine ganz neue und eigene Emotion an. Sie schien nirgends und überall zugleich zu sein und stammte weder von mir noch von meiner Mutter. Der Gegenstand meines Awefeeling – in diesem Fall die Erinnerung an meine Mutter – war ein Tor zur ewigen und überwältigenden Ehrfurcht, die eine Form hatte und zugleich formlos war. Diese paradoxe nichtemotionale Emotion war gleichzeitig lebhaft und inhaltsleer. Logisch betrachtet kann ich das, was ich gerade geschrieben habe, selbst nicht verstehen, obwohl ich intuitiv weiß, dass es so ist. Wie soll das dann erst für Sie einen Sinn ergeben?

Schon alltägliche Gefühle lassen sich oft schwer in Worte fassen. Die außerweltliche Qualität der Gefühle, die man während des Awefeeling durchlebt, entzieht sich vollkommen einer rationalen oder sprachlichen Erfassung. Und das bringt uns zum zweiten Teil des Awefeeling-Paradoxes, den Gedanken.

Gedanken sind eindeutiger und klarer definiert als Emotionen. Deshalb ist das Paradox hier noch stärker ausgeprägt, denn wie kann etwas – um auf mein obiges Zitat zurückzukommen – nahezu nicht existieren und zugleich überall sein? Das Nirgendwo-Überall-Dilemma hat bereits

Physiker wie Einstein, Schrödinger und Bohm beschäftigt. Weder diesen Geistesgrößen noch anderen gelang es, dieses Paradox zu lösen. Tatsächlich gesteht die Quantenphysik sogar ein, dass es unlösbar ist. Und genau darin liegt die Kraft des Awefeeling-Paradoxes.

Awefeeling erzeugt eine starke emotionale Erfahrung, die sich aus der vollständigen Abwesenheit von Emotionen speist. Das ergibt aus Sicht unseres Verstands keinen Sinn. Wenn unser Verstand das Paradox zu verstehen versucht, dann steht er hilflos davor. Genau diesen Zustand der Hilflosigkeit mag der Verstand aber gar nicht, denn er will in Aktion treten und Probleme lösen. Aber, und hier wird es interessant, emotional fühlen Sie sich in diesem Moment vollkommen ausgeglichen, und das ist ein großartiges Gefühl. Anstatt also frustriert zu sein, sagt Ihr Verstand sich: „Ich verstehe es zwar nicht, aber die Erfahrung ist perfekt, genauso wie sie ist. Ich muss es jetzt nicht verstehen, vielleicht erschließt es sich mir später. Lass mich einfach in Ruhe, mir geht es gut." Und dann genießt er einfach den Moment, jenseits von Ego und Verletzungen.

Das Ergebnis des Awefeeling-Paradoxes ist Perfektion. Ihr Geist ist ruhig und Sie fühlen sich emotional vollständig erfüllt. Oder anders gesagt: Der Verstand ist leer, die Emotionen sind voll. Das ist die perfekte Grundlage, um Ängste und Einsamkeit zu eliminieren, in einen Zustand der Achtsamkeit zu kommen und kritischer zu denken, Entzündungen und Schmerzen zu lindern, Ihr Immunsystem zu stärken, Teufelskreise zu durchbrechen, bessere Beziehungen zu anderen aufzubauen, eine stärkere Zuneigung zur Natur zu entwickeln und Ihre spirituellen Bindungen zu festigen. All diese Ergebnisse sind bewiesen und speisen sich aus einer einzigen einfachen Gewohnheit – dem regelmäßigen Erleben von Ehrfurcht.

Die wichtigsten Punkte aus diesem Kapitel:

- Das Awefeeling-Paradox schließt sowohl Gefühle als auch Gedanken ein und transzendiert beide.
- Der Verstand ist leer, die Emotionen sind voll.
- Awefeeling ist die perfekte Grundlage für Heilung und Harmonie.

KAPITEL 15

EHRFURCHT IST ÜBERALL

Ehrfurcht können wir nicht nur begegnen, wenn wir an Menschen denken, die wir lieben. Sie verfügen über die Fähigkeit, überall und in allem Ehrfurcht zu finden. Wenn alles, wie die Physiker sagen, aus dem Nichts kommt und Sie mithilfe der Eu-Gefühl-Technik gelernt haben, mit dem Nichts zu sein, dann haben Sie, zumindest was Ihre Wahrnehmung betrifft, die Quelle von allem gefunden. Denken Sie daran: Für unsere Zwecke sind Nichts und das reine Eu-Gefühl das Gleiche. Kehren wir noch einmal kurz zum Awefeeling-Paradox zurück, um zu verstehen, warum Ehrfurcht im Grunde überall und jederzeit vorhanden ist.

Wenn wir Materie auf ihre kleinste Einheit und dann darüber hinaus reduzieren, bleibt am Ende nichts übrig – die Quelle von allem. Eine Blume hat eine physische Präsenz. Sie können sie fühlen, sehen, riechen und sogar schmecken. Aber das, was Sie als Blume kennen, ist nur ihre äußere physische Schale. Eine Blume erscheint fest, aber nur in unserer Sinneswahrnehmung. Im Grunde ist ihre Festigkeit eine Illusion. Wenn wir tiefer in die Blume hineinblicken, stellen wir fest, dass sie aus schwingenden Molekülen zusammengesetzt ist. Auf molekularer Ebene besteht sie größtenteils aus leerem Raum. Auf der nächsttieferen Ebene finden wir die Atome – und noch mehr leeren Raum. Blicken wir noch tiefer, in die subatomare Ebene, ist da noch weiter ausgedehnter leerer Raum. Die letzte Ausdrucksform der Blume ist ihre Wellenfunktion, die praktisch nur noch aus Raum besteht. Dort, wo auch die Wellenfunktion zu existieren aufhört, ist lediglich Leere übrig, sprich: nichts. Oder, wie wir es liebevoll nennen, das reine Eu-Gefühl.

Wenn Sie gelernt haben, das reine Eu-Gefühl zwischen Ihren Gedanken und über Ihre Gedanken hinausgehend zu erkennen, hat dies eine unmittelbar harmonisierende Wirkung auf Ihre Physiologie, Ihre Körperchemie, Ihren Geist und Ihre Emotionen. Sobald Sie des Nichts gewahr werden, begeben Sie sich automatisch in den Zustand der Selbstregulierung oder Homöostase, dem wohltuendsten und ausgeglichensten Zustand für Ihre körperliche und seelische Gesundheit. Ebenfalls ohne Ihr Zutun beginnen Ihr Körper und Geist, eine ausgeglichene Beziehung zu Ihrer Umgebung, den Menschen, die Sie kennen und den Orten, an denen Sie sich aufhalten, herzustellen. Dieser außerordentlich harmonisierende Einfluss beginnt in dem Moment, in dem Ihr Verstand zur Ruhe kommt und Ihr Körper tiefste Erholung im Eu-Gefühl findet.

Die entscheidende Botschaft lautet: Alles kommt aus dem Nichts. Das Nichts ist in allem enthalten. Es ist nicht nur ein wichtiger Bestandteil von Dingen. Es ist vielmehr das essenzielle Element aller Phasen der Schöpfung. Awefeeling erwacht in unserem Bewusstsein, wenn klar wird, dass das Element des Nichts parallel zu Gedanken, Gefühlen, Freunden, Familie, Job, Zahnbürste – Sie sehen, worauf ich hinauswill – und so weiter existiert. Das Faszinierende am Awefeeling ist die Erkenntnis, dass es da etwas gibt, das ein Teil von Ihnen ist und gleichzeitig mehr als Sie. Es bewegt sich jenseits des Verstehens, jenseits Ihrer materiellen Existenz. Wenn Sie im Awefeeling sind, existieren Sie und Ihr Alltag gleichzeitig mit einem

Zustand, der darüber hinausgeht. Ich glaube, dass Awefeeling die direkte Wahrnehmung von nichts und allem zugleich ist.

Wie Sie bemerkt haben werden, habe ich einen neuen Akteur ins Spiel gebracht, nämlich die Zeit. Geben Sie nicht mir die Schuld – Einstein hat damit angefangen. Raum (Dinge) und Zeit existieren nicht getrennt voneinander, sondern sind vielmehr aufs Engste miteinander verwoben. Man kann sie nicht voneinander trennen. Einstein bezeichnete ihre Beziehung als Raumzeit. So sehr in die Tiefe müssen wir allerdings gar nicht gehen. Ich habe das Element der Zeit aus dem Grund eingeführt, weil das Erleben von Awefeeling ohne die Wahrnehmung von Zeitlosigkeit nicht vollständig wäre.

Wir müssen Zeitlosigkeit nicht bewusst in die Gleichung aufnehmen, weil sie bereits ein Teil davon ist. Wir haben bereits zuvor festgestellt, dass wir, wenn wir Nichts haben, dazu kein Etwas haben können. Zeit ist aber ein „Etwas". Im Nichts existiert sie nicht. Wenn Sie also des Nichts gewahr sind, nehmen Sie keine Zeit wahr. Machen Sie nicht genau diese Erfahrung, wenn Sie ganz im Nichts zwischen den Gedanken oder über sie hinaus aufgehen? Das Awefeeling macht uns also nicht nur bewusst, dass jenseits von allem, das wir kennen, ein formloses Nichts existiert, sondern lässt uns auch Zeitlosigkeit fühlen. Lassen Sie mich Ihnen dazu ein Beispiel geben.

Im Awefeeling stehen Sie mit Ihren Füßen in zwei Welten – der Welt der Dinge und der Welt des Formlosen. Beim Blick auf die Kreise, die Regentropfen in einer Pfütze entstehen lassen, sind Sie womöglich gefesselt von der Schönheit, die Mutter Natur zu Ihren Füßen erschaffen hat. Jeder Tropfen erzeugt einen kleinen Kringel, der mit einem anderen Kringel zusammenstößt, sodass eine visuelle Symphonie entsteht. Gefühle steigen auf und Ihnen verschlägt es den Atem ob der unzähligen Muster in dieser einfachen Pfütze, die angesichts des Universums nicht mehr als ein unbedeutendes Staubkorn ist. Verstandesmäßig können Sie es nicht fassen, aber Sie geben sich der transzendenten Freude hin, ein Teil dieser unendlichen Größe zu sein.

Sie haben schon Hunderte Male zuvor gesehen, wie Regentropfen auf eine Pfütze fielen. Wie kann es sich da im Awefeeling so anders anfühlen? Sie beginnen mit einer Person, einem Ort oder einem Ereignis, fügen das zeitlose Nichts hinzu und treten dann einen Schritt zurück, um zu beobachten. Ziemlich einfach, oder? Ihr Hochgefühl spiegelt die Ganzheit der Natur. Wie vollkommen alles erscheint, in seiner Unvollkommenheit.

Das Eu-Gefühl ist überall in der Schöpfung vorhanden. Es ist die ultimative Integration des Nichts mit Allem, die höchste Homöostase, die alles innerhalb von Sekunden ins Gleichgewicht bringt. Dadurch fühlen Sie sich vollkommen eins mit allem, was ist. Mir ist bewusst, dass dies unglaublich klingen mag und wäre da ebenso skeptisch, wie Sie es vielleicht sind, wenn neuere Forschungsergebnisse dies nicht bestätigen würden. Ob meine Theorie wasserdicht ist, oder nicht, ist hier eher nebensächlich. Entscheidend sind die Ergebnisse, und die liefert das absichtslose Gewahrsein von Awefeeling.

Ehrfurcht ist überall und in allem. Sie müssen nur Awefeeling anwenden, um sie zu finden. Dreieinhalb Minuten am Tag reichen aus. So viel Zeit haben Sie? Sehr gut! Dann lassen Sie uns zum Wesentlichen zurückkehren, dem Grund, warum Sie dieses Buch in die Hand genommen haben. Schließlich geht es darum, Fülle in der Ehrfurcht zu finden. Bereit für die nächsten Übungen?

Dann wissen Sie bereits, was Sie zu tun haben. Genau. Lesen Sie einfach im nächsten Kapitel weiter.

Die wichtigsten Punkte aus diesem Kapitel:

- Ehrfurcht ist überall und in allem.
- Alles kommt aus dem Nichts.
- Im Awefeeling zu sein bedeutet, gleichzeitig alles und nichts zu wissen.
- Jenseits aller Theorie zählen vor allem die durch Awefeeling erzielten Ergebnisse.

KAPITEL 16

EHRFURCHT UND LIEBE

Bei der Awefeeling-Methode besteht ein Schritt darin, an eine Person zu denken, die Sie sehr lieben. Ein starkes Gefühl der Liebe ist eine gute Möglichkeit, das Awefeeling zu entdecken. Starke Emotionen reißen uns leicht mit, und wir befinden uns nahezu automatisch schon halb im Zustand der Ehrfurcht. Die Stärke unserer Liebe allein kann häufig schon Ehrfurcht hervorrufen und tut dies in vielen Fällen auch. Deshalb lieben wir es, uns zu verlieben. Aber Ehrfurcht ist nicht auf Liebe begrenzt, und auch auf sonst nichts. Wenn wir alltäglichen Erfahrungen das Eu-Gefühl hinzufügen, dann verfallen wir in Ehrfurcht. Also ist es nur logisch, dass wir auch angesichts von Menschen oder Dingen, die wir mögen, Awefeeling erfahren können.

Sie sollten mittlerweile ausreichend Erfahrung gesammelt haben, um mit den vier Schritten der Awefeeling-Methode vertraut zu sein. Anstatt an eine geliebte Person zu denken, können Sie dies nun einmal mit einem Haustier, einer Tätigkeit oder einem Ort ausprobieren. Nutzen Sie diese Varianten, bis Sie das Gefühl haben, dass Sie leicht und mühelos ins Awefeeling gelangen.

Denken Sie bei den nächsten Awefeeling-Sitzungen an Menschen, Orte und Dinge, die Sie sehr gerne mögen (im Vergleich zu solchen, die Sie sehr lieben). Das erfordert keine Vorbereitung. Setzen Sie sich mit geschlossenen Augen an einen ruhigen Ort, werden Sie des Eu-Gefühls gewahr und denken Sie dann an eine Person, einen

Gegenstand oder einen Ort, den Sie sehr gerne mögen. Lassen Sie das Gefühl der Liebe in sich anwachsen – in Ihrem Körper, im Raum und darüber hinaus.

Was sind Beispiele für Menschen, Orte und Tätigkeiten, die Sie lieben? Vielleicht haben Sie eine gute Freundin, die Sie bewundern, oder ein Haustier. Vielleicht ist Klettern oder Volleyball Ihre Leidenschaft. Das Lesen eines Gedichts mag in Ihnen freudige Gefühle auslösen oder das fröhliche Lachen spielender Kinder. Oder Sie lieben es, mit einer Tasse dampfenden Kaffees die Stille der Morgendämmerung zu genießen und den Sonnenaufgang zu beobachten. Alles, was Sie erbaut, ist für Ihre Awefeeling-Sitzung zum Thema Liebe geeignet.

Denken Sie daran, dass Gegenstände oder Aktivitäten, die Sie lieben, nur als Vehikel für das Gefühl dienen. Wenn Sie sie loslassen und allein das Gefühl bleibt, sind Sie bereit, seine tiefere und universellere Wirklichkeit zu erforschen. Das sich ausdehnende Gefühl wird schnell zum Transportmittel für Transzendenz und die überwältigende Erkenntnis, dass Sie mehr sind, als Sie sich vorstellen können. Sie befinden sich nicht nur in einem Zustand der Ehrfurcht, Sie *sind* Ehrfurcht.

Bevor wir weitergehen – und für den Fall, dass Sie dies noch nicht getan haben – möchte ich Sie bitten, 10 bis 15 Awefeeling-Sitzungen mit Personen oder Gegenständen durchzuführen, die Sie lieben. Das mag zunächst so klingen, als müssten Sie jede Menge Zeit dafür aufwenden, aber dem ist nicht so. Sobald Sie die Awefeeling-Methode einige Male angewendet und sie verinnerlicht haben, brauchen Sie insgesamt nicht mehr als fünf oder acht Minuten dafür. Fünf bis acht glückserfüllte Minuten, um genau zu sein. Sie können ruhig mehrere Sitzungen mit dem gleichen Subjekt oder Objekt durchführen. Es ist gar nicht erforderlich, dass Sie jedes Mal etwas Neues auswählen.

Bei diesen Übungssitzungen können Sie den ersten Schritt – das Gewahrsein des Eu-Gefühls – ein wenig über die empfohlenen zwei bis drei Sekunden ausdehnen, vielleicht auf acht bis zehn Sekunden oder sogar noch länger, wenn Sie mögen. Ein Zuviel an Eu-Gefühl kann es nicht geben, und in den ersten Stadien des Kennenlernens von Awefeeling tut es gut, ein wenig länger in diesem beruhigenden Zustand zu verweilen.

Verteilen Sie die 10 bis 15 Awefeeling-Sitzungen auf einen halben Tag oder länger. Gehen Sie es locker an, ohne Zwang oder Kontrolle. Wenn Sie heute nur fünf Sitzungen schaffen, dann machen Sie eben morgen oder übermorgen weiter. Kein Stress, keine Probleme – einfach reines und müheloses Gewahrsein des Awefeeling.

Sobald Ihnen die Awefeeling-Methode sozusagen in Fleisch und Blut übergegangen ist, werden wir im nächsten Kapitel die Möglichkeiten und Stärken des Awefeeling noch weiter erkunden und die Awefeeling-Methode mit Gegenständen und Personen anwenden, die Sie mögen. Und ich habe auch noch eine kleine Überraschung für Ihre Augen.

Machen Sie sich also ans Üben. Und keine Sorge – ich mache nicht ohne Sie weiter.

Die wichtigsten Punkte aus diesem Kapitel:

- Wenn wir zu alltäglichen Erfahrungen das Eu-Gefühl hinzufügen, gelangen wir in einen Zustand der Ehrfurcht.
- Praktizieren Sie Awefeeling mit Menschen, Orten und Gegenständen, die Sie lieben.
- Die Person, der Gegenstand oder die Aktivität, die Sie lieben, ist nur ein Vehikel für das Gefühl.
- Sie werden womöglich feststellen, dass Sie sich nicht nur in einem Zustand der Ehrfurcht befinden – Sie *sind* Ehrfurcht!

KAPITEL 17

EHRFURCHT UND ZUNEIGUNG

Sind Sie bereit, sich für die nächste Ebene des Awefeeling zu öffnen? Wunderbar! Bevor wir beginnen, möchten ich Ihnen einige Fragen stellen, die sicherstellen sollen, dass Sie größtmöglichen Nutzen aus dem Awefeeling ziehen.

Fielen Ihnen die Awefeeling-Sitzungen bislang leicht? Bewegte sich Ihr Gewahrsein ganz von selbst von einem Schritt zum nächsten? Sind Sie zum Beispiel des Eu-Gefühls gewahr geworden, ohne sich bemühen zu müssen, es zu finden? Sie haben einfach nur mit geschlossenen Augen gewartet und beobachtet, was Sie im jeweiligen Moment fühlten. Es hat vielleicht ein paar Sekunden gedauert, aber schon bald haben Sie ein angenehmes Gefühl bemerkt, ein Wohlgefühl, nicht wahr? Sie haben weder versucht, es einzufangen oder festzuhalten noch, es am Verschwinden zu hindern. Sie waren einfach nur des Eu-Gefühls gewahr. Sehr gut!

Die Schritte der Awefeeling-Methode erfordern lediglich, dass Sie Ihr Gewahrsein von dort, wo es sich befindet, dorthin bewegen, wo es als nächstes hinwandert. Hier ist ein kurzes Beispiel. Schließen Sie die Augen und werden Sie der verschiedenen Geräusche gewahr, die Sie hören können. Wenn Sie fertig sind, lesen Sie weiter.

Die Geräusche, die Sie gehört haben, kamen in Ihr Gewahrsein, ohne dass Sie sich dafür anstrengen mussten, richtig? Ihr Gewahrsein fand automatisch das erste Geräusch, dann ein zweites und noch ein weiteres. Die Geräusche waren bereits da und warteten nur auf Sie. Sie haben einen Moment innegehalten, aufmerksam gelauscht und schon erschienen sie auf nahezu magische Weise in Ihrem Bewusstsein.

Genau wie die Geräusche ist auch das Eu-Gefühl immer da und wartet auf Sie. Wenn Sie Awefeeling anwenden, werden Sie auf dieselbe einfache Art und Weise des Eu-Gefühls gewahr. Sie halten inne, achten auf ein Wohlgefühl – Ihr Eu-Gefühl – beobachten das Eu-Gefühl ein paar Sekunden lang und sind dann bereit, mühelos den nächsten Schritt zu tun. Ganz einfach, oder?

Genauso gehen Sie auch beim nächsten Schritt vor, wenn Sie an den Gegenstand Ihrer Awefeeling-Sitzung denken – in diesem Fall eine Person, die Sie mögen. Sie beobachten einfach Ihre Zuneigung zu dieser Person. Jeder Schritt der Awefeeling-Methode erfordert lediglich die mühelose Verlagerung des Gewahrseins von dort, wo Sie sind, nach dort, wo Sie als nächstes hingehen. Und das Beste daran ist, dass Sie mit dieser einfachen Gewohnheit des mühelosen Awefeeling echte Ergebnisse erzielen. Mehr Energie, weniger Schmerzen, ein stärkeres Selbstbewusstsein, weniger Ängste, mehr Inspiration und ein höheres Maß an Zielstrebigkeit sind ein Garant für ein in jeder Hinsicht erfolgreiches Leben. Es ist einfach, es ist schön und es wirkt.

Wenn wir Awefeeling mit dem Gedanken an ein Thema – eine Person oder Tätigkeit – anwenden, die wir mögen, dann ändert sich nur das Subjekt. Anstatt an etwas zu denken, das wir lieben, denken wir nun an etwas, das wir mögen. Die Schritte bleiben genau gleich, aber das Gefühl wird weniger intensiv sein.

Vielleicht fragen Sie sich nun, warum wir die emotionale Intensität senken. Die Antwort ist ganz einfach. Ich möchte vermeiden, dass Sie glauben, man könne nur über starke Emotionen ins Awefeeling kommen oder dass es überhaupt Emotionen bedarf, um Ehrfurcht zu empfinden. Das Gegenteil ist der Fall. Ehrfurcht ist keine Emotion, erzeugt aber Emotionen. Die Ehrfurchtserfahrung entsteht durch die Wahrnehmung, dass es etwas gibt, das über Sie selbst hinausgeht und verstandesmäßig nicht zu erfassen ist – etwas Gutes. Diese Wahrnehmung erzeugt Emotionen.

Wir können uns an ein einziges Thema gewöhnen und beispielsweise immer Liebe empfinden. Diese Vertrautheit kann unsere Wahrnehmung von Ehrfurcht schwächen, sodass wir unsere Bemühungen, Ehrfurcht zu erfahren bald aufgeben. Awefeeling, mit seiner Kombination aus Ehrfurcht und Eu-Gefühl, verhindert dies, denn das Eu-Gefühl ist die belebende Zutat. Mit ihm wird es nie langweilig.

Es ist interessant, dass spontane Erlebnisse von Ehrfurcht negative Emotionen wie Furcht und Verängstigung hervorrufen können. Vielleicht haben Sie ein leises Gefühl von Angst oder Unsicherheit verspürt, als Sie das erste Kapitel gelesen haben, in dem Sie sich vorstellen sollten, in totaler Dunkelheit am Rand eines Felsvorsprungs zu stehen.

Wenn unser kleines Selbst – unser Gefühl dafür, wer wir sind – herausgefordert wird, gehen wir normalerweise in die Defensive. Wir verlieren uns im weiten Nichts, das jenseits unseres Selbst liegt. Das kann Angst machen. Wenn das Fundament, auf dem wir unsere Identität und Sicherheit aufgebaut haben, uns wie der sprichwörtliche Boden unter den Füßen weggezogen wird, erleben wir einen Moment des freien Falls, der sehr beunruhigend sein kann.

Wenn Sie Awefeeling anwenden, sorgt das Einbeziehen des Eu-Gefühls dafür, dass Ihr Empfinden Ihres kleinen Selbst bis ins Unendliche ausgedehnt wird. Das kleine Selbst wird frei von den Fesseln des Alltags und den Sorgen der Welt, und statt Angst empfinden Sie Freiheit im weiten Unbekannten. Selbst das Alltägliche wird im Licht Ihres strahlenden Selbst wertgeschätzt, was Ehrfurcht hervorruft.

Es fällt Ihnen sicher nicht schwer etwas zu finden, was Sie mögen, und die Auswahl ist wahrscheinlich wesentlich größer, als wenn es um Personen oder Dinge geht, die Sie wirklich lieben. Hier sind ein paar Themen, die ich regelmäßig verwende:

- Natur: Himmel, Wolken, Regen, Sonne, Felsen, Seen, Gras, Bäume, Wind, Hummeln.
- Essen: Pizza, knackiger grüner Salat, Eiscreme, kaltes Wasser, Wassermelonen, Eier, Toast und so viele andere Köstlichkeiten!
- Tätigkeiten: in der Sonne sitzen, anregende Unterhaltungen, Lachen, Aufwachen nach einem erholsamen Schlaf, das Gefühl nach dem Sport, Kindern etwas vorlesen, eine persönliche Herausforderung überwinden.
- Menschen: Kinder, Freunde, Sportler und Künstler, Mentoren, ein hilfreicher Fremder, Experten.

Wenn Sie mögen, können Sie mit ein paar Minuten Eu-Gefühl-Technik beginnen, wobei ich einmal annehme, dass Sie mittlerweile geübt darin sind, des Eu-Gefühls gewahr zu werden. Sie kennen die Awefeeling-Schritte, aber ich werde sie hier noch einmal wiederholen, um sicherzustellen, dass Sie entspannt sind und keinerlei Anstrengung vonnöten ist.

Beginnen wir also. Lesen Sie die Schritte noch einmal kurz durch, um Ihr Gedächtnis aufzufrischen. Wählen Sie dann ein Thema, schließen Sie für ein paar Sekunden die Augen und lassen Sie die Welt an sich vorbeiziehen.

Die Awefeeling-Methode mit einem Thema, das Sie mögen

- Werden Sie 2–3 Sekunden lang des Eu-Gefühls gewahr und beobachten Sie, was passiert.
- Denken Sie an ein Thema (Person, Gegenstand, Ort oder Tätigkeit), das Sie mögen. (10–20 Sekunden)
- Beobachten Sie unbefangen das Thema und welche Gefühle es bei Ihnen auslöst.
- Lassen Sie nun das Thema gehen und richten Sie Ihr Gewahrsein nur auf das Gefühl. (10–20 Sekunden)
- Das „Mögen" ist ein etwas subtileres und ruhigeres Gefühl als das „Lieben".
- Beobachten Sie still das Gefühl und machen Sie sich mit ihm vertraut.
- Lassen Sie das Gefühl sich ausdehnen.
- Lassen Sie es Ihren gesamten Körper ausfüllen. (10–20 Sekunden)
- Lassen Sie das Gefühl sich über Ihren Körper hinaus ausdehnen, bis es den gesamten Raum ausfüllt. (10–20 Sekunden)
- Lassen Sie das Gefühl sich jetzt in allem und um alles herum ausdehnen. (10–20 Sekunden)
- Auf die gesamte Erde, die Galaxie, alle Galaxien und die gesamte Schöpfung

- Lassen Sie das Gefühl sich über die Schöpfung hinaus ins Nichts ausdehnen. (10–20 Sekunden)
- Nehmen Sie in dieser ruhigen Stille kurz wahr, was Sie gerade fühlen oder denken.

Sehr gut! Üben Sie Awefeeling noch ein oder zwei Male mit einem Thema, das Sie mögen. Danach werden wir uns im wahrsten Sinne des Wortes der vollen Kraft des Awefeeling öffnen.

Die wichtigsten Punkte aus diesem Kapitel:

- Das Eu-Gefühl ist die belebende Zutat im Awefeeling. Es wird nie langweilig.
- Ehrfurcht kann mit Furcht verbunden sein. Awefeeling nicht.
- Um Awefeeling zu erfahren, bedarf es keinerlei Emotion. Awefeeling erzeugt Emotionen.
- Awefeeling wird nie langweilig.

KAPITEL 18

AWEFEELING MIT OFFENEN AUGEN

Bislang haben Sie Awefeeling mit geschlossenen Augen erlebt. Das hat einen guten Grund, denn das anfängliche Ausschließen von visuellen Eindrücken sorgt für einen effektiveren und schnelleren Lernerfolg. Alle Wahrnehmungen laufen im Kopf zusammen und mit geschlossenen Augen scheint das Licht des Bewusstseins heller auf all das, was sich so in unserem Gehirn tummelt. Jetzt allerdings ist es an der Zeit, die Augenbinde abzunehmen. Eine ehrfurchtserfüllte Welt wartet auf Sie. Nun sind Sie bereit, Awefeeling mit offenen Augen zu erleben.

Wenn Sie Awefeeling mit offenen Augen praktizieren, wird der Nutzen von Ehrfurcht noch weiter verstärkt. Bereits beim Praktizieren mit geschlossenen Augen werden Sie die eine oder andere der vielen positiven Auswirkungen bemerkt haben. Mit offenen Augen vertieft sich die Erfahrung und das Mysterium Ehrfurcht wird intensiver erlebt. Im Zustand des Awefeeling muss die Logik dem Glauben weichen. Sie sehen wie immer, aber nehmen zugleich die tiefergehende Ordnung des Universums wahr. Auf diese Weise trägt das Sehen zusätzlich zum Mysterium der Ehrfurcht bei – was natürlich nicht bedeutet, dass Ehrfurcht nicht auch mit geschlossenen Augen vollständig erlebbar wäre. Schon ein einzelner Sinn reicht aus, um die Wohltaten von Ehrfurchtserfahrungen vollständig zu genießen. Die Anwendung von Awefeeling mit offenen Augen steigert allerdings das Erleben seiner Fülle und beschleunigt die Integration positiver Auswirkungen. Die Erfahrung gewinnt an Tiefe und Reichhaltigkeit und prägt sich so besser in unsere Psyche ein. Awefeeling mit offenen Augen inspiriert einen tieferen Ausdruck von Freiheit, Aufrichtigkeit und Gnade.

Wie Sie sich erinnern, haben wir das Erlernen der Eu-Gefühl-Technik damit abgeschlossen, dass wir des Eu-Gefühls mit offenen Augen gewahr wurden. Dann wurden Sie Ihres gesamten Körpers und des Eu-Gefühls gewahr. Sie blickten auf einen Gegenstand und waren dabei des Eu-Gefühls gewahr. Abschließend haben Sie sich im Raum bewegt und um sich geschaut, auf Geräusche gehört und Dinge berührt, wobei Sie gleichzeitig jedes Mal des Eu-Gefühls gewahr waren. Diese Übung, die schon für sich genommen Heilung und Wohlbefinden fördert, bereitet Sie auf die wesentlich weitreichendere und mächtigere Erfahrung des Awefeeling mit geöffneten Augen vor. Lesen Sie den untenstehenden Abschnitt „Das Eu-Gefühl mit offenen Augen erleben“ durch, und folgen Sie der Anleitung. Oder Sie verwenden eine Audio-Aufzeichnung und lesen anschließend nach dem Abschnitt weiter.

Das Eu-Gefühl mit offenen Augen erleben

(Lesen Sie die hier nachfolgende Anleitung durch, und befolgen Sie die Hinweise.)

Sitzen Sie ruhig mit geschlossenen Augen da und werden Sie des Eu-Gefühls gewahr. Werden Sie Ihres gesamten Körpers gewahr und des Eu-Gefühls. Werden Sie Ihres rechten Fußes gewahr und des Eu-Gefühls,

Ihres linken Ellenbogens und des Eu-Gefühls, dann wieder Ihres gesamten Körpers und des Eu-Gefühls.

Öffnen Sie nun langsam Ihre Augen und werden Sie Ihres gesamten Körpers und des Eu-Gefühls gewahr. (5–10 Sekunden)

- Blicken Sie auf einen Gegenstand, der sich vor Ihnen befindet, und werden Sie des Eu-Gefühls gewahr. (5–10 Sekunden)
- Blicken Sie auf einen anderen Gegenstand, und werden Sie des Eu-Gefühls gewahr.
- Ein weiterer Gegenstand und das Eu-Gefühl
- Stehen Sie auf und bewegen Sie sich langsam und still durch den Raum …
- Blicken Sie auf verschiedene Gegenstände und werden Sie des Eu-Gefühls gewahr.
- Berühren Sie verschiedene Gegenstände, und werden Sie des Eu-Gefühls gewahr.
- Lauschen Sie Geräuschen, und werden Sie des Eu-Gefühls gewahr.
- Erspüren Sie, wie Ihre Kleidung sich auf Ihrer Haut bewegt, und werden Sie des Eu-Gefühls gewahr.
- Kehren Sie zu Ihrem Sitzplatz zurück, und werden Sie Ihres gesamten Körpers und des Eu-Gefühls gewahr.

Es sollte Ihnen mittlerweile nicht mehr schwerfallen, des Eu-Gefühls auch mit offenen Augen gewahr zu werden. Denken Sie daran, dass das Eu-Gefühl vermutlich nur zart vorhanden sein wird – einfach nur eine Ahnung eines guten Gefühls von innerer Ruhe, Zufriedenheit, Entspannung, Leichtigkeit, Freude, Frieden oder eines anderen positiven Gefühls. Im Gewahrsein des Eu-Gefühls zu sein bedeutet nicht, dass sich Engel vom Himmel herabschwingen und Jubelfanfaren ertönen. Es ist einfach eine normale, ruhige und angenehme Erfahrung. Sie werden des Eu-Gefühls nur ein paar Sekunden lang gewahr sein, bevor Ihr Geist sich anderen Gedanken und Dingen zuwendet. Das ist ganz normal.

Es ist gar nicht der Plan, die ganze Zeit am Eu-Gefühl festzuhalten. Sie schauen einfach nur von Zeit zu Zeit nach, was sich tut – ob es sich verändert hat und in welcher Weise. Genauso wie Sie innehalten, um zu prüfen, welche Geräusche Sie gerade hören können, schauen und spüren Sie nach, wie Ihr Eu-Gefühl im jeweiligen Moment aussieht. Das ist es auch schon. Als nächstes wollen wir nun das Awefeeling mit offenen Augen erleben.

Wählen Sie zur Vorbereitung etwas aus, das Sie gerade sehen können. Nehmen Sie etwas, das Sie lieben oder mögen wie Sonnenlicht, das durch die Bäume fällt, ein schlafendes Kind, die Sterne am nächtlichen Himmel, einen geliebten Menschen, ein Geschenk von einem geliebten Menschen, eine Pflanze, ein Haustier, Essen, Wolken, einen Teich, einen Fluss, das Meer oder irgendetwas anderes, das Sie lieben oder mögen.

Awefeeling mit offenen Augen

- Beobachten Sie Ihr Objekt mit entspannter Aufmerksamkeit. (3–5 Sekunden)
- Werden Sie des Eu-Gefühls gewahr. (2–3 Sekunden)
- Werden Sie Ihres Objekts gewahr und der Gefühle, die es bei Ihnen auslöst. (10–20 Sekunden)
- Lassen Sie das Objekt nun los, sodass nur das Gefühl zurückbleibt.

- Lassen Sie das Gefühl sich nun ausweiten und stärker werden.
- Lassen Sie es Ihren gesamten Körper ausfüllen. (10–20 Sekunden)
- Lassen Sie das Gefühl sich über Ihren Körper hinaus ausdehnen und den gesamten Raum füllen. (10–20 Sekunden)
- Lassen Sie das Gefühl sich in allem und um alles herum ausdehnen. (10–20 Sekunden)
- Auf die gesamte Erde, die Galaxie, alle Galaxien und die gesamte Schöpfung
- Lassen Sie das Gefühl sich über die Schöpfung hinaus ins Nichts ausdehnen. (10–20 Sekunden)
- Nehmen Sie in dieser ruhigen Stille kurz wahr, was Sie gerade fühlen oder denken.

Nehmen Sie sich Zeit und lassen Sie die Erfahrung, die Sie gerade gemacht haben, eine Weile nachklingen. Suchen Sie nicht nach etwas Bestimmtem, sondern lassen Sie Ihren Gedanken einfach freien Lauf.

Nehmen Sie auch wahr, wie Sie sich fühlen. Es gibt kein richtiges Gefühl – kein Gefühl, das vorhanden sein sollte. Sie werden sich aber immer besser fühlen, in irgendeiner Weise vollständiger als zuvor. Vielleicht haben Sie ein erweitertes Gefühl von Sein oder Präsenz, das leise im Hintergrund wahrnehmbar ist wie die leere Leinwand hinter einem Film. Es ist dieses ausdruckslose Sein, das Ehrfurcht über das Reich der Emotionen hinaus zu einer Erfahrung macht, die für einige an das Mystische grenzt.

Mein Erfahrungsspektrum reicht von ruhiger Unbeschwertheit über ehrfürchtiges Staunen bis hin zu überwältigender Glückseligkeit. Ich weiß nie, was mich erwartet, und genau so soll es sein. Sie werden ganz eigene Erfahrungen machen, die von einer Awefeeling-Sitzung zur nächsten und von Tag zu Tag variieren werden. Deshalb ist es wichtig, dass Sie nicht versuchen, eine bestimmte Erfahrung zu erzielen, zu wiederholen oder zu erwarten. Ich kann es gar nicht genug betonen: Suchen Sie nicht nach Ergebnissen. Führen Sie einfach nur Awefeeling durch und lassen Sie es seine magische Wirkung entfalten. Welche Erfahrung Ihnen auch immer zuteilwird – stille Versenkung oder umfassendes Staunen – Sie werden aus den kurzen Momenten, die Sie im Awefeeling verweilen, zahlreiche und dauerhafte Vorteile ziehen.

Die wichtigsten Punkte aus diesem Kapitel:

- Mit offenen Augen verstärkt sich das Awefeeling und Sie erhalten schneller positive Ergebnisse.
- Lassen Sie sich nach dem Anwenden von Awefeeling mit offenen Augen einen Moment Zeit.
- Sie werden sich danach immer besser als vorher fühlen.
- Suchen Sie nicht nach Ergebnissen. Beobachten Sie einfach, was geschieht.
- Sie wissen nie, was Sie erwartet. Jedes Mal wird einzigartig sein.

KAPITEL 19

AWEFEELING MIT ANDEREN SINNEN

Sie können Awefeeling nicht nur zusammen mit dem Sehsinn einsetzen. Es ist auch durch alle unsere anderen Sinne wie Hören, Schmecken, Riechen und Tasten erfahrbar. Meistens sind ohnehin zwei oder mehr Sinne aktiv, wenn Sie Awefeeling erleben. Wenn Sie beispielsweise beobachten, wie Wellen an einen Strand schlagen, dann hören Sie gleichzeitig das daraus resultierende Meeresrauschen. Vielleicht spüren Sie auch die feinen Tröpfchen der Gischt auf Ihrem Gesicht und nehmen einen leicht salzigen Geschmack auf der Zungenspitze wahr.

In der Regel dominiert ein Sinn, während die anderen Sinne unterstützende Funktionen einnehmen. Die dominierende Sinneswahrnehmung kann sich aber auch verlagern, während Sie sich im Awefeeling befinden. Das passiert sogar recht häufig. Heute Morgen betrachtete ich beispielsweise grüne Blätter vor einem strahlend blauen Himmel und hatte Lust, ins Awefeeling zu gehen. Als ich die Übung begann und das vertraute Gefühl von Weite sich einstellte, sah ich die sich wiegenden Äste und hörte, wie die Blätter rauschten. Ich spürte die warme Brise und nahm einen leichten Jasminduft wahr, der von irgendwoher herüberwehte. Mein Verstand, der denkende Teil in mir, dachte, wie perfekt all dies zusammenpasst. Welches Wunder steckt hinter all dem? Wie kann das alles sein?

Wie kann ich sein? Warum? In diesem Moment befand ich mich in einem Zustand perfekter Stille, jenseits des Verstehens. In dieser Stille setzte mein Denken aus, die Emotionen schwiegen und die Sinne waren stumm.

Nun kommt der interessante Teil. Wir müssen zumindest einen Moment lang diese mentale, emotionale und sensorische Stille erreichen, damit Ehrfurcht aufkommen kann. Wenn alles, was wir kennen und auf das wir uns verlassen kurzzeitig anhält, und wir in unserer Essenz trotzdem weiter existieren, dann versetzt uns dies in einen Zustand des Staunens. Man könnte auch sagen: Unmittelbar nachdem sich unser Gewahrsein über die normalen Grenzen hinaus ausdehnt, erwacht eine reine Emotion von Staunen, Freude, Seligkeit oder Dankbarkeit.

Es handelt sich hierbei nicht um Emotionen im herkömmlichen Sinne. Reine Emotion ist frei von Ursachen und Beeinflussung. Sie ist das erste Flackern von Individualität, die ursprüngliche Essenz dessen, was Sie in Ihrem tiefsten Inneren sind. Das ist gut zu wissen, denn es bedeutet, dass Sie in Ihrem Kern gut sind. Wir alle sind das. Jede Form menschlichen Gräuels ist eine Verzerrung dieser grundlegenden Reinheit. Das Awefeeling ist unser Weg zurück zu der Person, die wir in unserer Reinheit, unserer äußersten Unschuld sind. Wenn wir wiederentdecken, wer wir sind, versetzt uns das in Ehrfurcht. Wenn wir eine vertrautere Beziehung zu unserem Selbst entwickeln, beginnt unsere Essenz stärker zu strahlen, und das ist gut für alle.

Kehren wir aber zu unseren Sinnen und der entscheidenden Rolle, die sie in Bezug auf Sie und Ihre Verbindung mit dem Awefeeling spielen, zurück. Awefeeling ist der Prozess, über den wir Ehrfurcht erfahren – nicht über unsere Emotionen oder den Verstand, die schwerfällig sind und sich leicht ablenken lassen. Die Erfahrung findet über die Sinne statt. Der Vorgang des Sehens, Fühlens oder Hörens hat unmittelbare Auswirkungen auf Körper und Geist und vor allem auf unsere Harmonisierung mit unserem transzendenten Selbst. Sinneswahrnehmungen treten sofort ein und finden ohne Anstrengungen von unserer Seite statt. Hören, Sehen und dergleichen geschehen automatisch. Awefeeling nutzt diesen direkten und automatischen Pfad der Sinne, um die Einschränkungen des kleinen Selbst zu umgehen.

Lassen Sie mich Ihnen ein Beispiel geben. Sie hören das Geräusch kreischender Bremsen und das Aufjaulen eines Hundes. Als Sie sich umwenden, sehen Sie den Hund auf der Straße liegen. Zu diesem Zeitpunkt haben die Wahrnehmungen Ihres Seh- und Hörsinns sich bereits auf Ihren Körper und Ihren Geist ausgewirkt. Körperlich sind Sie sofort im Kampf-oder-Flucht-Modus. Adrenalin und Noradrenalin schießen in Ihr Blut und sorgen dafür, dass Puls und Blutdruck sich erhöhen, die Adern sich weiten, die Muskeln sich anspannen, die Pupillen sich weiten, der Atem sich beschleunigt, der Blutzuckerspiegel steigt, die spinalen Reflexe erhöht und Ihre Sinne noch weiter geschärft werden. Ihr Verstand ist hochkonzentriert und die Emotionen tendieren ins Negative. Sie verspüren Angst oder Aggression, Verwirrung oder sogar Panik.

Stellen Sie sich nun vor, Sie blicken auf einen weiten Horizont. Der Tag neigt sich seinem Ende zu, die Sonne geht unter und die Dämmerung setzt ein. Langsam und doch zu schnell bekommen die Wolken einen orangenen und roten Rand. Wie von Zauberhand wird das Rot zu Violett, das Violett zu Kobaltblau, bis auch dieses der Schwärze der Nacht Platz macht. Sie sind in Frieden.

In beiden Fällen oder genauer gesagt in *allen* Fällen umgehen unsere Sinneswahrnehmungen problemlos die bewussten Steuermechanismen des Ego. Sie haben reine und unmittelbare Auswirkungen auf Sie, Ihren Körper, Ihren Geist und Ihr Selbstgefühl. Sie sind ein perfektes Transportmittel, eine schnelle Verbindung zu den wartenden Armen des Awefeeling. Und das Beste daran ist, dass Sie selbst auswählen können, welchen Ihrer Sinne Sie für die Reise nutzen möchten. Im Folgenden finden Sie ein paar Beispiele für meine bevorzugten Sinnesrouten ins Awefeeling.

Hören

- Steter Regen, der sanft auf die Blätter eines Kirschbaums fällt
- Eine bewegende Beethoven-Sonate
- Spielende Kinder
- Das Gezwitscher eines Vogels
- Die Stille nach einem Geräusch
- An den Strand schlagende Wellen
- Spontanes herzliches Lachen

Schmecken

- Eiscreme
- Wassermelone
- Martinas Gulasch
- Kaltes Wasser
- Meeresgischt

Riechen

- Kaffee
- Brennendes Holz am Lagerfeuer
- Frühling im Wald
- Die Luft nach einem Gewitter
- Babypuder
- Toast

Fühlen

- Eine herzliche Umarmung
- Eine Pfauenfeder
- Ein heißes Bad
- Eine kühle Brise
- Der zärtliche Kuss eines geliebten Menschen
- Schwimmen

Sehen

- Grüne Blätter vor einem blauen Himmel
- Fließendes Wasser
- Aufsteigender Rauch
- Ein menschliches Gesicht
- Herumtollende Welpen
- Fallender Schnee

Die oben genannten Beispiele sind meine Favoriten, während Sie wahrscheinlich ganz andere haben. Ich habe sie eingefügt, um Sie daran zu erinnern, dass die Welt voller

Einladungen steckt, innezuhalten und die kleinen Dinge wahrzunehmen. Oder in diesem Fall, die ganze Fülle des Awefeeling zu erfahren.

Haben Sie gerade 30 Sekunden Zeit? Dann sollten Sie sich eine tief empfundene Portion Awefeeling gönnen. Wählen Sie zunächst einen der fünf Sinne aus, der Ihnen als Portal zur Ehrfurcht dienen soll. Ich entscheide mich für den Geschmackssinn. Sobald Sie sich für einen Sinn entschieden haben, halten Sie Ausschau nach etwas, das Sie über diesen Sinn wahrnehmen und das Sie erfreut oder Ihre Aufmerksamkeit weckt. Wenn Sie sich beispielsweise für den Tastsinn entschieden haben, können Sie leicht über Ihren Handrücken streichen oder beim Hörsinn dem lebendigen Plätschern eines Springbrunnens lauschen. Für meine Awefeeling-Sitzung werde ich ein Stück Milchschokolade auf meiner Zunge zergehen lassen. Sie sind dran. Wählen Sie einen Sinn und schon kann es losgehen.

Sie haben sich entschieden? Sehr gut.

Über die Sinne ins Awefeeling eintauchen

- Werden Sie des Eu-Gefühls gewahr (2–3 Sekunden). Lassen Sie es dann los und beobachten Sie, was passiert.
- Werden Sie des Sinneseindrucks gewahr und der Gefühle, die er auslöst. (3–5 Sekunden)
- Lassen Sie den Sinneseindruck los, sodass nur das Gefühl zurückbleibt.
- Lassen Sie das Gefühl sich ausweiten und stärker werden.
- Lassen Sie es Ihren gesamten Körper durchströmen. (3–5 Sekunden)

- Lassen Sie das Gefühl sich über Ihren Körper hinaus ausdehnen und den gesamten Raum füllen. (3–5 Sekunden)
- Lassen Sie das Gefühl sich in allem und um alles herum ausdehnen, auf die gesamte Schöpfung. (3–5 Sekunden)
- Lassen Sie das Gefühl sich über die Schöpfung hinaus ins Nichts ausdehnen. (3–5 Sekunden)
- Nehmen Sie in dieser ruhigen Stille kurz wahr, was Sie gerade fühlen oder denken.

Sehen Sie? Unsere Sinne sind der direkte Weg zur Schönheit und den Geheimnissen in unserem Alltag und darüber hinaus. Als ich die Schokolade sanft mit meiner Zunge im Mund bewegte, erwärmte sie sich und löste sich auf, wobei sie eine wahre Geschmacksexplosion verursachte. Die anfängliche Süße hatte genau den richtigen Hauch von Bitterkeit. Dies löste ein unbeschreibliches Gefühl von Befriedigung aus, ein Gefühl ruhiger Freude und Fülle, das mich für den Moment aus der reinen Mechanik des Schmeckens heraushob. Wenn ich nicht aufmerksam gewesen wäre, wäre der Augenblick nahezu unbemerkt verstrichen und mein Verstand schon wieder mit dem nächsten Gedanken des Tages beschäftigt gewesen. Dank des Awefeeling konnte ich den Moment bewusst genießen und ihn dann in die Unendlichkeit und darüber hinaus ausdehnen.

Im Gewahrsein des durch die Schokolade ausgelösten guten Gefühls ließ ich dieses sich ausdehnen – in meinem Bewusstsein, meinem Körper, dem Raum, der gesamten Schöpfung und der Weite, die jenseits aller Formen liegt. Mich still in dieser Weite befindend, begann ich mich zu fragen, wie eine so kleine Freude in nichts Geringerem als der Fülle der Ewigkeit wurzeln kann. Was für eine bemerkenswerte Abfolge von Ursache und Wirkung führte dazu, dass es mich gibt und dass es Schokolade gibt und das Wohlgefühl, das unser Zusammentreffen erzeugte.

Jemand, der dieses Buch zufällig aufschlagen und die letzten beiden Absätze lesen würde, hielte mich sicher für verrückt angesichts solcher Formulierungen wie „das mich für den Moment aus der reinen Mechanik des Schmeckens heraushob" und „wie eine so kleine Freude in nichts Geringerem als der Fülle der Ewigkeit wurzeln kann". Aber genauso ist es! Die einfachsten Dinge beziehungsweise alle Dinge haben ihre Wurzeln in der Ewigkeit. Ein Erdklumpen, ein rauchender Schornstein, ein rauchender Onkel beim Familienfest – alle haben ihre Wurzeln in der Ewigkeit. Das ist die ultimative Erkenntnis. Und sie lässt uns Ehrfurcht erfahren. Diese größte Form der Realität zu ignorieren, bedeutet, im Schatten zu leben. Awefeeling hilft uns, dies zu erkennen. Es lädt uns ein, alles im vollen Licht zu sehen, für dreieinhalb Minuten am Tag.

Natürlich entfaltete sich die Wirkung der schmelzenden Schokolade nicht allein über den Geschmack. Die gehobene Stimmung, die sie hervorrief, wurde sicherlich durch die cremige Konsistenz auf meiner Zunge und den Geruch gerösteten Kakaos, der mir in die Nase stieg, gefördert. Zum Zwecke der Übung war meine Aufmerksamkeit auf den Geschmack gerichtet, aber sie hätte ebenso gut auf das Gefühl, den Geruch oder die Kombination aller Sinneseindrücke gerichtet sein können.

Sie haben sicher bemerkt, dass die für jeden Schritt angegebenen Zeiten kürzer als bei den vorherigen Awefeeling-Sitzungen waren. Dadurch nahm die gesamte Sitzung nur 30 Sekunden Zeit in Anspruch. Mittlerweile sind Sie ein Awefeeling-Experte. Sie werden immer vertrauter mit dem Awefeeling und benötigen daher weniger Zeit, in ihm aufzugehen. Sollten Sie dennoch das Gefühl haben, dass Sie sich für einen bestimmten Schritt oder die gesamte Übung mehr Zeit nehmen möchten, dann tun Sie das gerne. Die Zeitangaben sind lediglich Empfehlungen und wieviel Zeit Sie sich lassen, wird von Sitzung zu Sitzung variieren. Wenn Ihnen das Awefeeling zur zweiten Natur wird, dann können Sie sowohl mehrere Minuten in der Erfahrung schwelgen als auch in fünf Sekunden damit fertig sein. Bereits ein kurzer Kontakt mit Awefeeling wird Sie zutiefst berühren.

Wo Sie gerade so gut dabei sind, wählen Sie doch einen weiteren Sinn und wiederholen Sie die Übung. Vielleicht mögen Sie auch alle Sinne einmal durchspielen?

Ich warte am Beginn des nächsten Kapitels auf Sie.

Die wichtigsten Punkte aus diesem Kapitel:

- Awefeeling lässt sich am leichtesten über die Sinne erleben.
- Ein Sinn dominiert meistens.
- Die reinen Emotionen der Ehrfurcht sind frei von Ursachen und Beeinflussung.
- Awefeeling ist unser Weg zurück zu der Person, die wir in unserer Reinheit und unserer absoluten Unschuld sind.
- Wenn wir über die Sinne ins Awefeeling gelangen, umgehen wir die Einschränkungen des kleinen Selbst.

KAPITEL 20

INNERES GLÜCK, ÄUSSERES GLÜCK UND WAHRES GLÜCK

Ich möchte mir einen Moment Zeit nehmen, um mit Ihnen über die Bedeutung von Glück zu sprechen und darüber, wie Ihre Beziehung zum Awefeeling Sie glücklicher machen kann. Glück oder Glücklichsein kann vieles umfassen und steht für eine ganze Palette an Gefühlen, die von energetisch aufgeladen bis hin zu einer eher vagen Form von Wohlgefühl reichen können. Unter Glück könnte man beispielsweise das Erfahren von Euphorie, Jubel oder Seligkeit verstehen. Eine weniger intensive Erfahrung könnte man auch mit Freude, Genuss oder auch Wohlgefühl beschreiben. Glück kann auch bedeuten, Zufriedenheit oder Behagen zu empfinden. Wenn wir uns alle Varianten und Abstufungen von Glück vor Augen führen, kommt dabei ein ziemlicher Mischmasch an Emotionen heraus. Ich möchte Ihnen eine vollständigere und sinnvollere Definition von Glück anbieten. Wenn ich das Wort Glück verwende, dann meine ich damit keinen einzelnen Zustand. Glück ist wie ein prall gefüllter Korb, der alle möglichen Varianten enthält. Da wir erkunden wollen, auf welche Weise das Awefeeling zu unserem Glück beiträgt, befinden sich in unserem Korb viele mit Ehrfurcht verknüpfte Gefühle wie Andacht, Dankbarkeit, Mitgefühl,

Respekt, Freude, Transzendenz, bedingungslose Liebe, himmlisches Staunen, Begeisterung, Überschwang, Fröhlichkeit, Elan, Vertrauen, Empathie und Stolz, um nur einige zu nennen.

Glück ist wertvoll. Es ist ein Barometer des Überlebens, und ein erfolgreiches Leben zu führen heißt, glücklich zu sein. Glück endet nicht beim Einzelnen. Es fließt in die Welt und inspiriert und unterstützt dort Familien und Gemeinschaften – ja, die Welt im Ganzen. Glück ist ganz einfach eine gute Sache. Es ist das Anzeichen einer gesunden, harmonischen Existenz, die allem nützt, was sie berührt. Wenn wir allerdings versuchen, Glück zu unserem Ziel zu machen, fangen die Probleme an. Warum? Weil Glück ein Symptom ist. „Ein Symptom für was?", werden Sie nun sicherlich fragen. Werfen wir einmal einen genaueren Blick darauf.

Das Sonnenlicht badet die Erde in seinen lebenspendenden Strahlen. Ohne es verliert das Leben an Substanz. Wenn wir gezwungen wären, unter der Erde zu leben, fernab vom Sonnenlicht, wäre das Leben ein Kampf und nur ein schwacher Abglanz dessen, was wir auf der sonnigen Oberfläche leben könnten. Glück ist wie Sonnenlicht. Es nährt uns. Es bringt Sinn und Lebensfreude in unser Leben. Die Quelle des Sonnenlichts ist die Sonne. Aber was ist die Quelle des Glücks? Sie wissen sicherlich schon, worauf ich hinauswill, oder?

Die grundlegende Quelle des Glücks liegt im Gewahrsein Ihres eigenen Selbst, dem Ausdruck des reinen Eu-Gefühls. Als Sie das Eu-Gefühl zum ersten Mal erlebten, fühlten Sie sich ruhiger, entspannter, friedlicher, und legten damit das Fundament für Awefeeling. Sie wissen bereits, wie wertvoll es ist, sich selbst ehrfürchtig gegenüberzustehen. Wenn Sie regelmäßig mit Freude ins

Awefeeling eintauchen, strahlen Sie Ihr leuchtendes Selbst aus. Im Grunde wird Ihr Selbst durch Ihren Ausdruck von Glück sichtbar. Glück erhellt die dunkelsten Orte und vertreibt die Schatten.

Woher wissen Sie, dass dies so ist? Woran merken Sie, dass mehr Glück in Ihrem Leben Einzug hält? Liegt es vielleicht an einem Mehr an Energie, erholsamem Schlaf, Freundlichkeit, Ausgeglichenheit und Selbstbeherrschung? Der Mehrwert, den ich am meisten schätze, ist eine ruhigere, tiefere Nähe zur Natur und damit einhergehend eine höhere Wertschätzung für mich selbst als Teil dieser Natur, betrachtet im Licht meines unterstützenden Selbst.

Ich möchte, dass Sie zu schätzen lernen, wie besonders das ist, wie besonders Sie sind. Sie kennen die Quelle des Glücks. Sie wissen, wie man den Awefeeling-Schalter umlegt und das Licht des Glücks einschaltet. Damit gehören Sie zu dem einen Prozent der Menschheit, das mit Maslows *Transcendern* auf einer Stufe steht.

Glück ist ein genetischer Überlebensmechanismus, soviel steht fest. Aber wenn Glück ein wichtiger Bestandteil menschlichen Überlebens ist, würde die Natur dann tatsächlich eine Begrenzung einbauen, wie glücklich wir sein können? Das bezweifele ich doch sehr, und ich kann Ihnen auch sagen, warum. Glückliche Menschen sind sehr viel aktiver, verfügen über mehr Energie und bessere Gesundheit, sind kreativer, hilfsbereiter, großzügiger und selbstbewusster, haben ein höheres Maß an Selbstkontrolle und bessere Bewältigungsmechanismen und verdienen mehr Geld. Habe ich schon erwähnt, dass sie auch länger leben? Klingt für mich so, als hätte eine Person, die glücklicher ist, bessere Überlebenschancen als ein unglücklicher Mensch. Und Überleben ist – zumindest soweit es Mutter Natur betrifft – das Einzige, worauf es im Leben ankommt.

An diesem Punkt möchte ich Sie etwas fragen. Ist Ihnen schon einmal aufgefallen, dass wir uns an die Dinge gewöhnen, die uns glücklich machen? Wir gewöhnen uns an unseren höheren Grad an Glücklichsein, und schon bald wollen wir mehr. Woran liegt das? Warum können wir nicht mit dem Grad an Glück zufrieden sein, den wir derzeit haben? Warum scheinen wir immer wieder eine noch stärkere Dosis Glück zu benötigen? Das sind gute Fragen, und ich werde sie Ihnen gleich beantworten.

Es gibt zwei Arten von Glück – inneres und äußeres. Bei dem, was wir bis jetzt erfahren und besprochen haben, ging es um das innere Glück – das Gewahrsein des Eu-Gefühls. Die zweite Art von Glück ist das äußere Glück. Wenn wir inneres Glück finden, sind wir zufrieden. Wir benötigen nicht noch mehr davon. Wenn unser Geist im Eu-Gefühl ruht, sind wir frei vom Wunsch nach mehr. Ist das nicht so? Wenn Sie des reinen oder sich äußernden Eu-Gefühls gewahr sind, brauchen Sie dann noch mehr? Nein, denn dann ist alles wunderbar so wie es ist. Wenn wir des Eu-Gefühls gewahr sind, können wir uns den Herausforderungen der Welt stellen, in der Gewissheit, dass eine innerliche Zufriedenheit uns trägt, ganz gleich, was der Tag bringt. Man könnte also sagen, dass inneres Glück bedingungslos und unabhängig ist. Als solches ist es immer vollständig und bedarf keiner Optimierung.

Beim äußeren Glück sieht die Sache anders aus, denn es hängt von Bedingungen, äußeren Umständen ab. Wenn Sie ein unerwarteter Geldsegen ereilt, Sie eine interessante neue Person treffen oder auch einfach nur gut geschlafen haben, sind Sie glücklicher. Bleiben diese Dinge aus, sind Sie weniger glücklich. Selbst wenn Sie das Geld behalten, oder die interessante Person über eine längere Zeit kennen, macht Sie dies auf Dauer immer weniger glücklich.

Das liegt daran, dass das erste Glücksgefühl ziemlich schnell verfliegt. Der erste Ausbruch positiver Gefühle ist wie das spektakuläre Explodieren eines Feuerwerks, das einen Moment lang den Himmel beleuchtet, bevor es sich wieder im Dunkel der Nacht verliert. Wenn Sie Ihr Glück auf einer Sache, einer Person, einem Ereignis, einer Philosophie oder einer anderen veränderbaren Variable aufbauen, dann haben Sie auf Sand gebaut. Warum ist das so? Warum ist äußeres Glück so flüchtig und lässt sich so schwer wieder zurückholen?

Die illusorische Natur äußeren Glücks hält eine Lektion für uns bereit. Es ist vielleicht die wichtigste Lektion, die wir lernen können. Einmal erlernt verhindert sie Enttäuschung und Leid, und wir haben mehr Freude an den Dingen und Menschen in unserem Leben. Weil äußeres Glück nicht von Dauer ist, bringt es uns dazu, nach dauerhafter Freude zu suchen. Finden wir diese dauerhafte Freude nicht, dann suchen wir ständig und überall danach. Es ist die Misere des modernen Menschen, rastlos auf der Suche nach immer neuen Kicks zu sein oder einfach nur zu versuchen, sich nicht schlecht zu fühlen. Wir leben in der Illusion, dass wir irgendwann in der Zukunft hoffentlich die Sache oder die Person oder den Ort finden, die uns dauerhaftes Glück schenken werden. Damit liegen wir auch nicht komplett falsch. Ich erkläre Ihnen gleich, warum.

Vielleicht glauben Sie, dass flüchtiges äußeres Glück etwas Schlechtes ist. Das ist es tatsächlich, wenn wir glauben, das äußerliche Leben wäre alles, was wir haben, wenn wir niemals die andere Seite entdecken, die innere Seite des Lebens. Ich denke Sie wissen, dass ich mit der inneren Seite nicht das Denken, die Emotionen und die Ego-Gedanken des kleinen Selbst meine. Gedanken sind zu oberflächlich. Mein Name für die innere Seite ist das Eu-Gefühl, in reiner oder sich äußernder Form. Unser Leben ist nicht vollständig, wenn eine Seite ignoriert wird. Und das ist sehr wichtig für uns zu verstehen.

Äußeres Glück ist das Ergebnis des erfolgreichen Navigierens durch die sich ständig wandelnden Bedingungen unseres täglichen Lebens. Inneres Glück entsteht durch das Gewahrsein der Stille des Selbst. Beide scheinen auf den ersten Blick unvereinbar zu sein. Wie schaffen wir es, dass aus zwei Hälften ein Ganzes wird? Schauen wir uns das doch einmal näher an.

Das Vereinigen unserer inneren und äußeren Welten erscheint nahezu unmöglich. Es entzieht sich unserer Vorstellung. Wie wir bereits festgestellt haben, ist unser Verstand überfordert damit, das Eu-Gefühl verstehen zu wollen, denn er arbeitet mit Konstrukten und Überzeugungen und kann sich das Nichts nicht vorstellen. Emotionen sind gleichermaßen unbrauchbar, denn wo ist das emotionale Auf und Ab in der Stille? Es ist das Awefeeling, das beide Welten verbindet – das sich stets Wandelnde und doch immer Absolute. Awefeeling hat einen Fuß in beiden Welten. Wenn wir in Ehrfurcht versunken sind, verschmilzt das innere Eu-Gefühl mit dem Außen. Während das Eu-Gefühl uns liebevoll in seiner sicheren Umarmung hält, leitet die Ehrfurcht unser Gewahrsein der äußeren Welt behutsam und freudig in eine Welt jenseits aller Form. Die Entdeckung, dass unser Innenleben und Außenleben eine sichere Einheit bilden, ist die Quelle unerschütterlichen Glücks, wahren Glücks.

Awefeeling legt das Fundament für wahres Glück. Es entspringt dem Gewahrsein, dass Sie nicht auf die

Auflagen Ihres Lebens begrenzt sind, nicht vom wechselnden Erfolg Ihrer äußeren Ziele abhängig. Ihre innere Essenz ist unberührt von der Zeit. Ihr Einfluss ist in jedem Ausdruck Ihrer Selbst spürbar – Körper, Geist und Selbst. Wahres Glück ist zugleich eigenständig und ansteckend. Aus dem Fundament der Fülle häuft es sich an und steckt alle mit einem Gefühl von Leichtigkeit und Freude an.

Wahres Glück ist spontan und lebensbejahend. Es ist eine endlose Welle an Harmonie, die sich in alle Richtungen ausdehnt, bis in die Unendlichkeit. Wahres Glück ist der große Gleichmacher, das Gegenstück zur Entropie, der Beileger jedes Konflikts. Es erfüllt nicht nur Sie selbst mit seiner Freude, sondern strahlt nach außen und hüllt auch Ihre Liebsten ein und alle, die Ihnen begegnen. Es reicht sogar noch weiter in die Leben all jener, die Sie nie kennenlernen werden, aber mit denen Sie die Schwächen der Menschheit teilen. Wahres Glück ist kein Symptom. Es ist eine alles umfassende Realität, der große Gleichmacher, die krönende Leistung eines menschlichen Wesens.

Die wichtigsten Punkte aus diesem Kapitel:

- Äußeres Glück ist von den Umständen abhängig und lässt uns ständig nach noch mehr Glück streben.
- Inneres Glück, das Gewahrsein des Eu-Gefühls, ist immer vollständig.
- Awefeeling vereint äußeres und inneres Glück, um wahres Glück entstehen zu lassen.
- Wahres Glück ist die Krönung menschlichen Seins.

KAPITEL 21

WAS ESSEN UND AWEFEELING GEMEINSAM HABEN

Ein von mir verehrter Lehrer pflegte stets zu sagen, dass Probieren über Studieren gehe. Er meinte damit, dass man den Wert von etwas erst erkennt, wenn man es testet. Soweit es Essen betrifft, mag das stimmen, denn hier liegt der Wert im Geschmack. Mir geht es allerdings um etwas, das über Geschmack hinausgeht. Ich möchte diese Analogie nämlich gerne aufgreifen, um zu zeigen, dass das Awefeeling nicht nur „gut schmeckt", sondern Ihnen auch ansonsten guttut.

Essen belebt all Ihre Sinne. Hauptsächlich sind Schmecken und Riechen beteiligt, aber auch Fühlen, Sehen und Hören kommen zum Zuge. Je stärker Ihre Sinne auf angenehme Weise stimuliert werden, umso mehr werden Sie eine Mahlzeit genießen. Ein Salat macht wenig Freude, wenn einzelne Blätter schon welk sind und die Tomaten auch nicht mehr ganz frisch. Genießen Sie hingegen Ihre Mahlzeit, funktioniert Ihre Verdauung besser und Sie verwerten die Nahrung optimal. Wenn Sie mit einer Cola in der einen Hand und einem Burrito in der anderen während der abendlichen Rushhour im Auto essen und dabei mit den Knien steuern, nehmen Sie Ihr Essen kaum wahr und gut verdauen werden Sie es wohl auch kaum.

Führen wir diesen Vergleich noch ein wenig weiter, damit klar wird, worauf ich hinauswill. Gute Verdauung und optimale Nährstoffaufnahme sind entscheidend für unsere Gesundheit. Was Sie essen ist wichtig, aber nur dann, wenn die Nährstoffe es bis in Ihre Zellen schaffen. Sie können haufenweise Vitamine und Mineralstoffe zu sich nehmen – wenn Ihr Körper sie nicht verarbeiten kann, produzieren Sie lediglich sehr teuren Urin.

Können Sie ein bestimmtes Vitamin nicht aufnehmen, dann kann dies beispielsweise im Fall von Vitamin D zu Knochenschwund, Muskelkrämpfen, Stimmungsveränderungen, Erschöpfung und einem angeschlagenen Immunsystem führen. Auch Leiden wie Depressionen, Diabetes, Herzkrankheiten, Multiple Sklerose und selbst Krebs könnten die Folge sein. Wohlgemerkt, wir reden hier von einer unzureichenden Menge eines einzigen Vitamins und den möglichen Auswirkungen auf Ihre Lebensqualität. Nehmen Sie Ihr Essen in einer förderlichen Umgebung zu sich und die Nährstoffe gelangen dorthin, wo sie benötigt werden, dann wird Ihr Leben zweifellos einfacher, produktiver und freudvoller. Und genau so ist es auch mit dem Awefeeling.

Eine Awefeeling-Sitzung ist vergleichbar mit einer schmackhaften und gesunden Mahlzeit. Die Sitzung selbst entspricht dem Verzehr der Nahrung. Ihre Sinne sind vollständig an dem beteiligt, was Sie wahrnehmen. Sobald Sie den letzten Bissen gegessen haben, ist Ihre Mahlzeit beendet, und der unbemerkt ablaufende Prozess der Nahrungsverarbeitung und des Transports in die Zellen setzt ein. Sobald Sie bei Ihrer Awefeeling-Sitzung die vollständige Ausbreitung des Gewahrseins erleben, transzendieren Sie Ihre Sinne und der im Hintergrund ablaufende Prozess der Heilung und des Glücks beginnt.

Was bedeutet nun „Heilung und Glück“ im praktischen Sinne? Um das zu erklären, komme ich noch einmal auf das Matroschka-Modell zurück. Schauen wir uns zunächst die heilsamen Auswirkungen nach Ablauf der Awefeeling-Sitzung an. Genau wie die Verdauung des Essens findet die Verarbeitung der Awefeeling-Erfahrung unbewusst statt. Sie sind sich des Prozesses nicht bewusst, werden den Nutzen aber später spüren. Die innerliche Verarbeitung der Ehrfurchtserfahrung entspricht der innersten Ebene der Matroschka. Eine Weile nach dem Gewahrsein von Awefeeling wird Ihr Herzschlag sich verlangsamen und Ihr Atem feiner werden, weil Ihr Körper im Vorfeld tiefgehender Heilung eine umfassende Entspannung erfährt. Im Außen bemerken Sie vielleicht, dass Sie weniger Schmerzen verspüren und über mehr Energie verfügen. Vielleicht kommen Sie auch leichter aus dem Bett und sind motivierter. Auf der nächsten Ebene beginnen die psychischen Veränderungen, die notwendig sind, um das kleine Selbst (das Ego) zu öffnen und Sie in einer nährenden, gebenden und vergebenden Haltung zu bestärken.

Auf die Heilung folgt das Glücksgefühl. Die dritte und vierte Ebene der Matroschka halten zahlreiche Ausdrucksformen wahren Glücks bereit. Diese können völlig unterschiedlich sein, erscheinen zum exakt richtigen Zeitpunkt in Ihrem Leben, und genau in der Weise, wie Sie es brauchen. Ganz von selbst und mühelos sind Sie womöglich weniger niedergeschlagen, weil Ihr derzeitiger Zustand Ihnen sinnhafter erscheint. Vielleicht stellen Sie auch fest, dass Sie anderen mehr Verständnis und Mitgefühl entgegenbringen, selbst vollkommen Fremden. Sie fühlen sich frischer und lebendiger und bemerken, dass Sie neue Projekte angehen oder solche wiederaufgreifen, die Sie vielleicht schon vor langer Zeit beiseitegelegt hatten.

Fassen wir das Ganze noch einmal zusammen. Sie nehmen Nahrung zu sich. Diese wird verdaut und verwertet und versorgt Sie mit allem, was Sie benötigen, um ein dynamisches und produktives Leben zu führen. Sie erleben Awefeeling. Es wird auf neurochemischer und emotionaler Ebene verarbeitet und versorgt Sie mit mehr Fülle, Liebe und Wertschätzung in Ihrem Leben. Das Bemerkenswerte ist, dass diese ganze Transformation auf eine höhere Ebene menschlicher Existenz vollständig von allein stattfindet, sobald sie einmal ins Rollen gebracht wurde.

Während die Wirkung von Awefeeling sich stetig ausweitet und intensiviert, dehnt sich die Verbindung, die Sie zu anderen verspüren, auf die Natur und das gesamte Sein aus. Ihre Verbindung zu Ihrem Selbst wird ebenfalls gestärkt. Äußeres Glück und inneres Glück lernen sich kennen und gehen eine perfekte Partnerschaft ein. Sie werden Momente haben, in denen Sie Ihr Ego hinter sich lassen und vollkommen zufrieden damit sind, wer und wo Sie sind. Das Awefeeling wird Sie mit seinem Kommen und Gehen überraschen und Schnipsel von Freude, Staunen und Glück in Ihren Tag streuen. Seien Sie bereit, sich verzaubern zu lassen.

Die wichtigsten Punkte aus diesem Kapitel:

- Heilung und Glück durch Awefeeling beginnen jenseits der bewussten Wahrnehmung.
- Als nächstes beginnt das Gewahrsein der Heilung von Körper und Geist.
- Nach der Heilung manifestiert sich das wahre Glück.
- Awefeeling unterstützt das Leben auf einer höheren Ebene menschlicher Existenz.

KAPITEL 22

DAS GESCHENK, DAS SICH VON SELBST VERMEHRT

Nachdem Sie nun das letzte Kapitel „verdaut" haben, möchte ich Ihnen etwas erklären, das Ihrem Verstand gefallen und den Weg zu einer noch tieferen Erfahrung des Awefeeling ebnen wird. Der wichtigste Punkt ist folgender: Awefeeling ist zwar immer angenehm und zuweilen auch enorm inspirierend, aber Sie können seinen wahren Wert nicht danach bemessen, wie Sie sich fühlen, während Sie Ehrfurcht erfahren. Verstehen Sie, was ich meine? Sie können nämlich auch am Geschmack einer Mahlzeit nicht ablesen, wie nahrhaft sie ist.

Wie sanft oder überwältigend Ihre Awefeeling-Sitzung ist, hat keine Auswirkungen darauf, wie schnell oder signifikant sich Ihr Leben verändert. Eine angenehme Sitzung ist ebenso wirksam wie eine, die Sie schier überwältigt zurücklässt. Vielleicht denken Sie: „Wow! Diesmal war das Awefeeling aber besonders stark. Heute wird sich so richtig was ändern." Aber das muss nicht unbedingt der Fall sein. Wir können nie genau wissen, wie die positiven Effekte des Awefeeling sich auswirken werden, wann oder wie stark sie ihre Wirkung entfalten. Sicher ist allein, dass eine wundersame Wirkung eintreten wird. Es ist wie beim Feld der Träume: Werde aktiv und der Rest wird sich finden. Aber lassen Sie uns den Blick nach vorne richten, denn das Beste kommt noch.

Sie können also aus dem Verlauf Ihrer Awefeeling-Sitzung nicht ableiten, welche Veränderungen sie auslöst und wann diese eintreten werden. Das Einzige, was sich mit Sicherheit sagen lässt, ist dass Sie, wenn Sie Awefeeling praktizieren, früher oder später die Früchte Ihrer in Ehrfurcht verbrachten Zeit ernten werden.

Lassen Sie mich diesen Punkt näher erklären. Nehmen wir an, Sie leiden unter einer chronischen Krankheit wie Arthritis und möchten Ihre Schmerzen loswerden. Sie erleben eine umwerfende Awefeeling-Sitzung und glauben daher, dass sich Ihre Schmerzen sofort lindern werden. Aber Sie verspüren keine Erleichterung nach der Sitzung. Lassen Sie uns nun annehmen, dass zu dem Zeitpunkt, an dem Sie Ihre Awefeeling-Sitzung abhielten, in Ihrer Leber gerade neue Krebszellen entstanden. Keine Sorge! Krebszellen kommen und gehen selbst bei vollkommen gesunden Menschen. Ihr Immunsystem zerstört fortlaufend fehlerhafte Zellen, bevor sie eine Chance bekommen, sich zu vermehren. Wie wir bereits gesehen haben, ist das Eu-Gefühl ein anderer Name für die natürliche Ordnung in uns, die uns seit unserer Zeugung leitet, schützt und heilt. Das Eu-Gefühl entfaltet seine Wirkung als Wellenfunktion, weit unterhalb der unbewussten Ebene des Wesens, das Sie „ich" nennen.

Ihr Verstand hingegen arbeitet auf einer viel oberflächlicheren Ebene und will oder weiß nicht immer, was für Ihr gesamtes Ich am besten ist. Auch wenn es normal und verständlich ist, dass Sie Ihre Arthritisschmerzen loswerden möchten, setzt das Eu-Gefühl bei seiner heilenden Wirkung Prioritäten und schaut, wo diese am dringendsten benötigt wird. In unserem Beispiel ist das Abtöten der Krebszellen wichtiger als das Lindern chronischer Schmerzen, also richtet sich die heilende Wirkung zuerst darauf. Ist der Notfall erst einmal bereinigt, kann sie sich auf die weniger bedrohliche Arthritis konzentrieren.

Diese heilsame Wirkung, die sich unterhalb unseres Bewusstseins abspielt, ist ein unermesslicher Segen. Dieselbe große Ordnung, die die Konstellation der Sterne erschaffen hat, ist auch in Ihnen am Werk. Sehen Sie, wie besonders Sie sind? Für diesen unglaublichen Service müssen Sie nicht nachdenken, danken, planen oder zahlen. Sie müssen lediglich das Awefeeling anwenden und geduldig warten und beobachten, während es seine magische Wirkung entfaltet.

Das ist nicht immer einfach für einen Verstand, der es gewohnt ist, die Dinge selbst in die Hand zu nehmen. Ich weiß, ein Verstand hat keine Hände, aber Sie wissen schon, was ich meine. Dies ist einer der Fälle, in denen Sie die Zügel aus der Hand geben und das Pferd allein den Weg nach Hause finden lassen müssen. Soll heißen: machen Sie den Weg frei und lassen Sie die universelle Ordnung, die Sie erschaffen hat, Sie heilen. Wenn Sie dies tun, wenn Sie sich täglich eine Portion Ehrfurcht gönnen, dann brauchen Sie nur beiseitezutreten und zuzuschauen. Sie werden eine große Überraschung erleben, und eine Menge kleinerer noch dazu, in Form von Aha-Momenten des Eu-Gefühls. Hier kommt ein Beispiel eines vollständig unerwarteten Eu-Gefühl-Aha-Moments.

Jana, die das Eu-Gefühl gerade erst kennengelernt hatte, praktizierte es regelmäßig zehn Tage lang. Obwohl ihr bewusst war, dass sie das Eu-Gefühl nicht in bestimmte Bereiche lenken konnte, hoffte sie dennoch, dass sich stressige Situationen am Arbeitsplatz entspannen würden. In den ersten Tagen fühlte sie sich zwar seelisch besser und hatte mehr Energie, aber bei der Arbeit taten sich keine großen Veränderungen auf. Am zehnten Tag stellte sie jedoch erstaunt fest, dass ihre lebenslange Angst vor Spinnen plötzlich verschwunden war! Ein Eu-Gefühl-Aha-Moment! Aus irgendeinem Grund – und wahrscheinlich werden wir ihn nie herausfinden – fand das Eu-Gefühl, dass es genau der richtige Moment war, um diese Phobie zu heilen. Was hat die Heilung ausgelöst? Wir können nur vermuten, dass es Janas gesteigertes Gewahrsein der Ehrfurcht war, das ihr parasympathisches Nervensystem gestärkt, mit dem Ego verbundene Ängste reduziert und die neuroendokrin-psychische Aktivität gesteigert hat, sodass ein stärkeres Selbstgefühl und eine engere Verbindung zur Natur entstanden.

Aus welchem Grund auch immer es funktioniert hat – das Wichtigste ist, es hat funktioniert! Janas Eu-Gefühl-Sitzungen sorgten dafür, dass alle notwendigen Elemente für ihre Heilung sich still und leise in ihr entfalten konnten. Im Licht ihrer neu gewonnenen Freiheit von Arachnophobie wird es Jana wohl relativ egal gewesen sein, wie es dazu gekommen ist. Ihr aus dem Eu-Gefühl resultierender Aha-Moment war in dieser Hinsicht ein echter Augenöffner, denn diese mühelose und unerwartete Heilung vertiefte ihr Verständnis des Eu-Gefühl-Prozesses: Führe regelmäßige Eu-Gefühl-Sitzungen durch und genieße die Resultate, die sich von selbst ergeben. Laut Jana mag sie Spinnen zwar immer noch nicht besonders, aber sie hat nicht länger Angst vor ihnen.

Die Lektion daraus ist folgende: Auch wenn Sie den Wunsch haben, ein Hindernis aus dem Weg zu räumen oder eine Krankheit zu heilen, sollten Sie Ihre Bemühungen nicht bewusst auf das Erreichen dieses Ziels lenken. Halten Sie Ihren Wunsch in Ihrem Bewusstsein wie ein auszubrütendes Ei. Geben Sie ihm Zeit. Wärmen Sie es mit Awefeeling. Wenn die Zeit reif ist, wird die Lösung schlüpfen – völlig neu und voller Versprechen. Vielleicht wird sie nicht so wachsen, wie Sie es sich gedacht haben. Sie wird ihr Versprechen an Sie einlösen, aber ihr Einfluss wird weit über Ihre persönlichen Wünsche hinausgehen. Das Eu-Gefühl berücksichtigt Ihre Bedürfnisse zusammen mit den Bedürfnissen aller. Es ist der reine Ausdruck der hippokratischen Maxime „Erstens nicht schaden". Sie können darauf vertrauen, dass Ihr Lohn am Ende reicher und erfüllender sein wird, als Sie es erwartet haben, auch wenn Sie nicht wissen werden, wann oder wie er sich zeigt. Das ist die Natur des Eu-Gefühls, der Einfluss der Ehrfurcht, das Geschenk des Awefeeling.

Die wichtigsten Punkte aus diesem Kapitel:

- Sie können den wahren Wert des Awefeeling nicht bemessen, während Sie sich in ihm befinden.
- Sie werden auf die Art und Weise von Awefeeling profitieren, die für Sie am besten geeignet ist.
- Das Eu-Gefühl entfaltet seine heilende Wirkung dort, wo sie im jeweiligen Moment am meisten gebraucht wird.
- Sie müssen gar nichts weiter tun, als Awefeeling anzuwenden, zu warten und zu beobachten.
- Sie werden wohl nicht auf die Weise heilen, die Sie erwarten, aber in einem stärkeren Ausmaß, als Sie erwartet haben.

KAPITEL 23

DIE HEILUNGSKURVE

Es gibt da etwas, das Sie wissen sollten. Awefeeling wirkt auch, wenn Sie keine Ahnung haben, wie es funktioniert. Es wirkt sogar dann, wenn Sie nicht daran glauben. Das liegt daran, dass Awefeeling die Essenz dessen berührt, was uns zu Menschen macht. Gleich werde ich Ihnen Wege aufzeigen, wie Sie die Ergebnisse Ihrer Awefeeling-Anwendungen messen können. Zuvor sollten Sie jedoch wissen, auf welche Weise sich Heilung in Ihnen und um Sie herum entfalten wird, damit Sie eine Vorstellung davon bekommen, wie der normale Kreislauf von Heilung und Glück abläuft und auf welche Weise er sich unter dem Einfluss des Awefeeling wandelt. Was ich Ihnen gleich erzähle, wird helfen, Unklarheiten zu beseitigen und Ihren Verstand zu beruhigen. Es ist im Grunde nichts als gesunder Menschenverstand, aber hin und wieder ein wenig pragmatisches Denken ist ja durchaus nicht verkehrt. Setzen wir das Ganze also in einen Rahmen, der alle Missverständnisse über die rasanten Vorteile ausräumt, die das Gewahrsein von Awefeeling mit sich bringt.

Es lässt sich nicht leugnen, dass das Leben ein Auf und Ab ist, oder? In dieser einfachen Aussage liegt der Schlüssel, um zu verstehen, wie Heilung passiert und Glück sich ausdrückt. Wenn das Leben uns seinen Willen aufdrückt, kann es dies auf nette oder weniger nette Weise tun. Im Laufe der Zeit wechseln sich – viel zu kurze – Momente wunderbaren Hochgefühls mit solchen ab, in denen unsere Energie im Keller ist, ebenso wie unsere Stimmung. Das ist normal, ganz natürlich und sogar notwendig, denn alles Leben entwickelt sich zyklisch, auf allen Ebenen der Schöpfung, auch wenn sie ganz unterschiedlicher Natur sind. Wir können dem nicht entkommen.

Manche spirituellen Lehrer gehen davon aus, dass sich das Auf und Ab durch Selbstbeobachtung und spirituelle Techniken vermeiden lässt. Einige davon habe ich persönlich gekannt, und wenn man hinter die Kulissen schaut, findet man in ihrem Leben das gleiche Auf-und-Ab-Muster wie bei uns allen, auch wenn es vielleicht weniger ausgeprägt ist. Man kann diesem Gesetz weder durch Willenskraft noch durch gute Taten oder positives Denken entkommen. Das liegt daran, dass es sich hierbei um ein universelles Gesetz handelt, das sich sogar in Worte fassen lässt. Tatsächlich ist das im Jahr 1686 geschehen, als Newton es in Form seines Dritten Gesetzes der Bewegung in die ewigen Annalen der Wissenschaft eingeschrieben hat. Es besagt, dass jede Aktion eine gleich große und gegensätzliche Reaktion erzeugt. Diesem Gesetz können wir nicht entkommen, und es wirkt überall und zu jeder Zeit.

Es ist kein Geheimnis, dass wir alle gute und nicht so gute Tage haben. Grämen Sie sich nicht deswegen (Sie können ja Newton die Schuld dafür geben). Sind wir also dazu verdammt, Auf- und Abwärtsbewegungen, positive und negative Zyklen ad infinitum zu wiederholen? Ja und Nein. Ich weiß, diese Antwort wird Ihnen nicht gefallen, aber schauen wir uns die Abfolge von Aktion-Reaktion zunächst einmal ein wenig näher an. Wenn Sie einen Wolkenkratzer bauen wollen, was ist dann der erste Schritt? Sie graben ein tiefes Loch, richtig? Wenn Sie einen Ball nach vorne werfen wollen, dann bewegen Sie Ihren Arm beim Ausholen zunächst in die entgegengesetzte Richtung. Damit Blut durch

Ihren Körper zirkulieren kann, zieht sich Ihr Herz zunächst zusammen und entspannt sich dann. Und was müssen Sie als Erstes tun, wenn Sie aufstehen wollen? Sie drücken Ihre Füße in den Boden, der Richtung, die Ihrem Ziel der Aufwärtsbewegung genau entgegengesetzt ist. Alles, wirklich alles, gehorcht diesem Gesetz der gleich großen, entgegengesetzten Bewegungen.

Das Leben beginnt mit der Zeugung und endet im Tod mit dem letzten Ausdruck individuellen Bewusstseins. Der einzige Weg, dem Yin und Yang des Lebens zu entkommen, ist aufzuhören, zu existieren. In gewisser Hinsicht tun wir genau das, wenn wir des reinen Eu-Gefühls gewahr sind. Einige Gelehrte bezeichnen diese Erfahrung auch als den „kleinen Tod". Man kann sagen, dass wir in diesem Moment im Großen und Ganzen nicht existieren, beziehungsweise dass unser kleines Selbst verschwindet und in unserem universellen Selbst aufgeht.

Wenn wir des reinen Eu-Gefühls gewahr sind, werden wir zur Welle in ihrer Übergangsphase, wenn es weder auf- noch abwärts geht. In diesem Moment dehnt sie sich über alle Form hinaus und sammelt Energie für die nächste Bewegungsphase. (In *Anhang 2: Warum das Materielle nicht so wichtig ist* erfahren Sie mehr darüber, wie Materie entsteht und was passiert, wenn sie aufhört, sich zu bewegen.) Man könnte auch sagen, dass Sie sich im Gewahrsein des reinen Eu-Gefühls bis in die Unendlichkeit ausdehnen. Ihre Selbstwahrnehmung weitet sich bis über alle Grenzen hinaus aus. Sie erfahren nur das reine Selbst jenseits aller Form. Wenn Sie dann zum normalen Alltagsbewusstsein zurückkehren, tun Sie dies mit frischem Schwung und neuem Fokus.

Wenn Sie sich auf das Awefeeling einlassen, beginnen Sie mit dem Gewahrsein des reinen Eu-Gefühls. Sie werden zwei bis drei Sekunden lang des Eu-Gefühls gewahr. Mehr braucht es nicht, um vom kleinen Selbst zum Zustand jenseits des Selbst zu gelangen. Im weiteren Verlauf des Awefeeling-Prozesses verflüchtigt sich die Eu-Gefühl-Energie nicht etwa. Das Awefeeling lenkt Ihre bewusste Wahrnehmung vielmehr unmittelbar zurück zum Nichts, das die Quelle der gesamten Schöpfung ist. Das Gewahrsein Ihres Selbst und das Bewusstsein des kleinen Selbst existieren nun nebeneinander. Diese konkrete und direkte Erfahrung des Nichts in der Welt der Erscheinungen widersetzt sich jeder Logik, und Sie stehen einfach ehrfürchtig davor.

Eine einfache Sinuskurve geht nach oben, stoppt und bewegt sich dann wieder abwärts. Im Moment des Innehaltens, in der Ruhe, dehnt sie sich bis zur Unendlichkeit aus, fällt dann wieder in ihre ursprüngliche Form zusammen und nimmt erneut ihre Bewegung auf. In welche Richtung beginnt sie sich zu bewegen, nachdem sie zur Wellenform zurückgekehrt ist? Richtig, in die entgegengesetzte Richtung.

Wenn die Bewegung gleich und gegensätzlich ist, was bleibt dann am Ende? Gleiches und Gegensätzliches heben einander auf. Also bleibt am Ende nichts. Kommt Ihnen bekannt vor? Wenn man also alles Gleiche und Gegensätzliche im Universum zusammenrechnet, kommt am Ende Nichts dabei heraus. Das Nichts, aus dem alles entsteht, das reine Eu-Gefühl. Das Nichts ist nicht nur unser Endpunkt, es ist zugleich unser Anfang und befindet sich zudem an allen Punkten dazwischen. In den Momenten, in denen wir in Ehrfurcht eintauchen, können wir die gleichzeitige Existenz von Nichts und allem spüren, die wahre Fülle unserer Existenz. Das ist die ultimative Erkenntnis der Verbindung von Gleichem und

Gegensätzlichem. Kein diffuses Konzept oder blanker Glaube und unsere Sinne übersteigend, ist es ein Wissen jenseits aller rationalen Lösungen, eine absolute Gewissheit, dass in irgendeiner Weise Nichts und Alles das Gleiche sind. Im Awefeeling sind wir zugleich jenseits der Welt und vollkommen in sie eingetaucht. Das ist das Manna der Götter, die Lebenskraft, die aller Schöpfung innewohnt und die Quelle der Ehrfurcht.

Einige Psychologen wollen Sie glauben machen, dass Sie genetisch auf ein bestimmtes Glücksniveau programmiert sind. Die Meinungen darüber, wie hoch dieser genetische Anteil ist, gehen auseinander. Laut Schätzungen wird das Niveau, auf dem wir Glück empfinden, zwischen 40 und 80 Prozent durch unsere Gene bestimmt. Jetzt denken Sie vielleicht, dass Sie sich mit Ihrer genetischen Disposition zur Glücksfähigkeit abfinden müssen und dass es nicht möglich ist, sie zu ändern und eine größere Lebensfreude zu erlangen.

Zum Glück müssen Sie sich keine Sorgen machen. Ich verrate Ihnen, warum. Es ist schon seit Jahrzehnten bekannt, dass Gene sich je nach Bedarf ein- und ausschalten – ein Vorgang, der als Genregulation bezeichnet wird. Wie sich herausgestellt hat, können Umweltfaktoren Gene ein- oder ausschalten, ebenso wie andere Zellen. Doch wir müssen gar nicht erst in die faszinierende und zugegebenermaßen komplexe Welt der Genetik eintauchen. Für unsere Zwecke reicht es aus, zu wissen, dass wir keinesfalls Sklaven unseres Erbguts sind. Ihre Gene können sich verändern, und das bedeutet, dass auch Sie sich verändern können.

Die Frage, die wie eine dunkle Wolke über allem schwebt, ist diese: Kann mein genetischer Glückswert verändert werden? Kann ich mein Erbgut so verändern, dass mein Sollwert für Glück immer weiter ansteigt? Meine klare Antwort darauf lautet: „Ja!" Neuere psychologische Studien lassen darauf schließen, dass „das beharrliche Verfolgen altruistischer Ziele" Ihnen hilft, Ihre Glücksfähigkeit zu steigern. Berichte von Anwendern deuten zudem darauf hin, dass die Awefeeling-Methode eine ähnliche Wirkung hat. Sie sind also nicht dazu verdammt, Ihr Leben lang eine starre genetische Last zu tragen.

Erstaunlicherweise bedarf es nur geringer Mühe und Zeit, Ihre derzeit vorhandenen genetischen Begrenzungen zu überwinden. Wenn Sie Awefeeling anwenden, müssen Sie nicht einmal wie oben erwähnt „altruistische Ziele verfolgen". Wie Sie bereits wissen, müssen Sie gar nichts verfolgen, denn im Awefeeling kommt alles ganz natürlich zu Ihnen, ohne dass Sie sich bemühen müssten. Beharrlich müssen Sie nur darin sein, sich täglich ins Awefeeling zu begeben.

Und ich betone es gerne noch einmal, – das ist ja schließlich mein Job – dass bereits dreieinhalb Minuten Awefeeling am Tag ausreichen. Wie das Ganze funktioniert, zeigt die folgende abgebildete Heilungskurve.

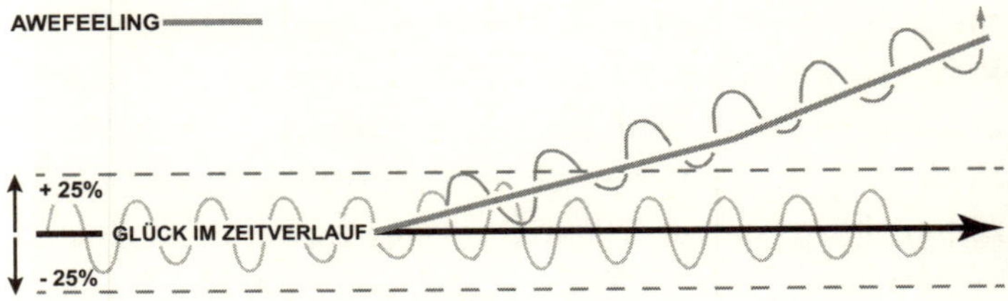

Die Heilungskurve

Die obige Abbildung illustriert, auf welche Weise die Awefeeling-Methode das Glücksempfinden erhöht. Die durchgängige schwarze Trendlinie steht für den Mittelwert an Glück über die Lebensspanne eines Menschen. Alles unterhalb dieser Linie steht für ein geringeres Maß an Glück als unser durchschnittlicher Wert, alles oberhalb der Linie für ein überdurchschnittliches Maß. Die genetische Disposition hat einen geschätzten Einfluss von 40 bis 80 Prozent. Der Einfachheit halber geht diese Grafik von einem Wert von 50 Prozent aus. Die 25 Prozent-Markierungen unter- und oberhalb der Mittellinie markieren von daher die gesamten 50 Prozent der Glücksbegrenzung, die durch genetische Faktoren bedingt ist. Das Glücksspektrum, das innerhalb der genetischen Begrenzung möglich ist, wird durch die an ihr entlanglaufenden Wellenlinien verdeutlicht. Die ansteigende Linie markiert den Zeitpunkt, an dem mit der Awefeeling-Methode begonnen wurde, die mit ihr aufsteigenden Wellen die Entwicklung des Glücksspektrums nach Praktizieren von Awefeeling, das nun oberhalb der 50-Prozent-Begrenzung liegt.

Anhand der Heilungskurve wird ersichtlich, dass einige Zeit, nachdem mit der Awefeeling-Methode begonnen wurde, der durchschnittliche Glückswert ansteigt und die genetische Begrenzung überwindet. Beachten Sie vor allem, dass auch mit der Anwendung von Awefeeling ein Auf und Ab des Glücksempfindens bestehen bleibt. Awefeeling ist keine Glücksrakete, die Sie dauerhaft in den siebten Himmel katapultiert. Das Dritte Newtonsche Gesetz zeigt weiterhin seine Wirkung. Das Wichtigste und Schönste jedoch ist, dass Sie über die Zeit hinweg durchschnittlich immer glücklicher werden, denn der Mittelwert steigt stetig an. Sobald Sie einmal die genetische Barriere durchbrochen haben, werden selbst Ihre schlechten Tage besser als die besten sein, die Sie vorher hatten. Sie haben richtig gelesen: Ihre schlechten Tage werden glücklicher als Ihre besten Tage vor Ihrer Begegnung mit dem Awefeeling sein, sofern Sie es regelmäßig einsetzen. Besser geht es wohl nicht!

Die wichtigsten Punkte aus diesem Kapitel:

- Wir alle erleben unsere Aufs und Abs. Das ist ein universelles Gesetz.
- Wenn wir im Awefeeling sind, können wir die Koexistenz von Nichts und Allem spüren.
- Wir können unseren genetischen Sollwert überwinden und glücklicher werden.
- Durch die Anwendung von Awefeeling werden Ihre schlechten Tage glücklicher sein, als Ihre besten Tage es zuvor waren.

KAPITEL 24

ERWEITERTES AWEFEELING

Sie werden das, was jetzt kommt, lieben. Mittlerweile sollten Sie bereits zahlreiche Wohltaten kennen, die Ihnen durch die Anwendung von Awefeeling zuteilgeworden sind. Sie können nun das Awefeeling ausdehnen und es zugleich wertvoller machen. Aber das ist nur der Anfang. Ich werde Ihnen in diesem Kapitel auch zeigen, wie Sie die Heilung anderer unterstützen können, indem Sie Awefeeling mit ihnen teilen. Hört sich gut an? Ist es auch! Klingt nach etwas, das Sie gerne ausprobieren würden? Dann lassen Sie uns ohne Umschweife beginnen.

Erweitertes Awefeeling gibt Ihnen die Möglichkeit, ein wenig länger im Zustand des Awefeeling zu verweilen. Wenn Sie dieses erhöhten Bewusstseinszustands ein wenig länger gewahr sind, beschleunigt das die Heilung und erhöht das Glücksempfinden. Das wichtigste Anwendungsgebiet für erweitertes Awefeeling ist das Fördern körperlicher und seelischer Heilung, speziell der Heilung anderer. Wenn Sie erweitertes Awefeeling anwenden, sind Sie dabei die initiierende Person, die andere Person wird als Partnerin oder Partner bezeichnet. Mehr dazu erfahren Sie im nächsten Kapitel.

Bei einer erweiterten Awefeeling-Sitzung bleiben die ersten drei Schritte die Gleichen. Sie werden für zwei bis drei Sekunden des Eu-Gefühls gewahr, erleben den Gegenstand der Ehrfurcht und das Gefühl, das er in Ihnen hervorruft, und lassen dann den Gegenstand los, während

Sie das Gefühl behalten. Im vierten Schritt werden Sie des reinen Gefühls in Ihrem Körper, im gesamten Raum, der gesamten Schöpfung und darüber hinaus gewahr. Beim erweiterten Awefeeling geht es vor allem um diese letzte Phase – die Wahrnehmung, dass Sie auch jenseits aller Formen immer noch existieren. Das ist die Essenz des Awefeeling.

Neu beim erweiterten Awefeeling ist, dass Sie länger beim letzten Schritt verweilen. Nachdem Sie das Gefühl über alles hinaus ausgedehnt haben, was existiert, lassen Sie Ihr Gewahrsein in der Vollkommenheit dieser letzten Phase ruhen, schwebend auf den Wellen der Fülle jenseits aller Form. Das ist die Gesamtheit Ihrer Beziehung zum erweiterten Awefeeling. Ein einfaches, unbefangenes Gewahrsein all dessen, was Sie erfahren, während Sie der Essenz des Awefeeling gewahr sind.

Ihr Gewahrsein der Ganzheit wird nur eine kurze Weile anhalten, meist nur wenige Sekunden. Wenn Sie bemerken, dass Sie denken, anstatt das Awefeeling wahrzunehmen, werden Sie ganz sanft wieder der erweiterten Essenz des Awefeeling gewahr. Denken ist ein ganz natürlicher Teil des erweiterten Awefeeling. Wenn Sie mögen, können Sie dann die gesamten Schritte des Prozesses von eins bis vier wiederholen. Oder Sie kehren einfach wie vorgeschlagen zur Fülle der letzten Phase zurück.

Bevor wir beginnen, noch ein ganz wichtiger Punkt: Versuchen Sie nicht, sich selbst oder Ihren Partner / Ihre Partnerin zu heilen. Heilung in irgendeiner Weise zu lenken, ist kein Teil des erweiterten Awefeeling. Wenn Sie bewusst etwas wünschen, erhoffen oder erschaffen wollen, dann stoppen Sie damit die Heilung, bevor sie beginnt. Lassen Sie Ihren Verstand außen vor, und verkneifen Sie sich jedes Streben nach einem bestimmten Heilerfolg.

Alle Heilung, die entsteht, resultiert aus Ihrem Gewahrsein der Fülle des Awefeeling. Seien Sie einfach nur bei Ihrem Awefeeling. Mehr braucht es tatsächlich nicht.

Wenn Sie das erweiterte Awefeeling mit anderen teilen wollen, dann geht das auf körperlicher Ebene mit einer anderen Person. Schauen wir uns also an, wie das funktioniert. (Wenn Sie sich gut mit *Quantum Entrainment* auskennen, können Sie auch das QE-Protokoll verwenden und hier einfach das Eu-Gefühl durch das erweiterte Awefeeling ersetzen.)

Ich beginne meist damit, dass ich und meine Partnerin oder mein Partner aufrecht stehen. Dauert die Sitzung länger an, dann setzen wir uns auch, wenn das angebrachter ist. Wenn es Ihrem Gegenüber schwerfällt, zu stehen, dann ist Sitzen die nächstbeste Position. Natürlich darf Ihr Partner auch liegen, wenn er oder sie krank ist. Als Initiator sollten Sie allerdings immer stehen oder sitzen.

Nähern Sie sich Ihrem Partner sanft und informieren Sie ihn darüber, dass Sie ihn gleich leicht berühren werden. Sie können ihm auch mitteilen, dass die Sitzung einige Minuten in Anspruch nimmt und bei Bedarf etwas länger. Sollte Ihr Gegenüber vorab eine kurze Erklärung wollen, können Sie sagen:

Ruhe ist der universelle Heiler. Alle Heilung braucht Ruhe. Je tiefer die Ruhe, umso tiefer ist auch die stattfindende Heilung. Ich habe die erweiterte Awefeeling-Methode erlernt, die Deinen Körper innerhalb kurzer Zeit in eine tiefe Ruhe versetzt und so eine tiefgehende Heilung ermöglicht.

Legen Sie nun Ihre Hände auf den Körper Ihres Partners. Ihre Berührung sollte so leicht sein, als würden Sie mit dem Finger einen Augapfel berühren. Bitte halten Sie die Hände still und bewegen Sie sie nicht. Es ist völlig unwichtig, wo Sie Ihre Hände platzieren. Die heilsame

Wirkung entfaltet sich auch, wenn Sie die andere Person gar nicht berühren, aber menschliche Berührung ist in sich schon heilsam. Aus diesem Grund ist erweitertes Awefeeling ein wenig effektiver, wenn Sie Ihren Partner dabei berühren. Einige meiner Lieblingsstellen sind Nacken, Stirn, unterer Rücken und oberer Brustbereich. Ich wähle sie aus Gewohnheit, nicht weil sie die heilsame Wirkung besonders fördern würden. Das Awefeeling braucht meine Hilfe nicht, um zu wirken.

Legen Sie einfach beide Hände auf und bitten Sie Ihren Partner, nicht in irgendeiner Weise helfen zu wollen. Bitten Sie ihn oder sie, die Gedanken einfach schweifen zu lassen.

Sobald Sie Ihre Hände sanft am Körper Ihres Partners platziert haben, beginnen Sie mit dem erweiterten Awefeeling. Vergessen Sie nicht, dass umherschweifende Gedanken ein Teil des Vorgangs sind und Awefeeling oder erweitertes Awefeeling niemals behindern. Wenn Sie feststellen, dass Ihre Gedanken abschweifen, dann kehren Sie einfach leicht und mühelos zum erweiterten Gewahrsein der vierten Phase des erweiterten Awefeeling zurück.

Sie können Ihre Hände ab und zu bewegen, aber nicht zu oft, weil dies für Ihren Partner irritierend sein kann. Ich schlage vor, dass Sie immer nur eine Hand bewegen und dann die nächste, also nicht beide zur gleichen Zeit.

Es kann sein, dass Ihr Partner während der Sitzung ins Schwanken gerät, so wie ein Baum sich in einer leichten Brise bewegt. Achten Sie darauf, dass er oder sie nicht umkippt. Das kommt nicht oft vor, ist aber möglich. Das erweiterte Awefeeling ist sehr entspannend, und der Körper Ihres Partners mag sich womöglich in eine andere Position begeben, während er lange gespeicherte physische Blockaden loslässt, die durch den Heilungsprozess gelöst werden. Seien Sie einfach da, um die Person zu unterstützen und sie gegebenenfalls aufzufangen.

Wenn Sie fertig sind, teilen Sie ihrem Partner ruhig mit: „Unsere erweiterte Awefeeling-Sitzung ist jetzt beendet." Lösen Sie sanft die Hände vom Körper des anderen und warten Sie auf die Reaktion. Sollten Sie vor Beginn der Sitzung einen Test gemacht haben, ist nun die Zeit für einen erneuten Test. Im nächsten Kapitel werden Sie sowohl objektive als auch subjektive Möglichkeiten kennenlernen, die Sie in Ihre Sitzung aufnehmen und mit denen Sie den Erfolg messen können.

Das ist es auch schon. Sie tun nichts weiter, als das erweiterte Awefeeling für sich selbst oder einen Partner anzuwenden. Denken Sie daran, dass Sie Ihr Gegenüber weder aktiv heilen noch heilende Energie erzeugen. Sie gehen lediglich ins erweiterte Awefeeling. Cool, oder? Während Körper und Geist Ihres Partners eine bedeutende Metamorphose durchlaufen, genießen Sie einfach nur das Awefeeling. Besser geht es wohl kaum.

Die wichtigsten Punkte aus diesem Kapitel:

- Erweitertes Awefeeling beschleunigt Heilung und steigert das Glücksgefühl.
- Beim erweiterten Awefeeling verlängern Sie den vierten Schritt.
- Das Gewahrsein des letzten Schrittes kann nur kurz andauern, in der Regel nur Sekunden.
- Kehren Sie beim erweiterten Awefeeling so lang wie Sie mögen zur letzten Wahrnehmung zurück.
- Versuchen Sie nicht, zu heilen. Die Heilung wird automatisch durch Ihr Gewahrsein des Awefeeling angestoßen.

KAPITEL 25

ERFOLGE MESSEN

Auch wenn Awefeeling wie Magie erscheinen mag, ist es das nicht. Es stecken solide wissenschaftliche Grundlagen dahinter. Meine Ergebnisse sind replizierbar. Das bedeutet, dass Sie bei Anwendung von Awefeeling unabhängig von dem, an was Sie glauben, die gleichen Ergebnisse wie ich erhalten. Die heilsame Wirkung von Awefeeling kann sowohl objektiv als auch subjektiv gemessen werden.

Awefeeling wirkt hinter den Kulissen, jenseits unseres bewussten Denkens. Und das ist ein Glück. Stellen Sie sich einmal vor, Sie müssten bewusst all Ihre Körperfunktionen koordinieren, um in unserer hektischen Welt nicht nur am Leben zu bleiben, sondern auch noch Erfolg zu haben. Schon allein unsere Nervenzellen senden rund 1000 elektrische Impulse pro Sekunde aus. Und das ist nur die Leistung des Nervensystems. Hinzu kommen andere Körpersysteme wie Verdauung, Muskeln, Knochen, Hormone, Herz und Kreislauf, Lymphe, Atmung, Ausscheidung und Fortpflanzung, die ebenfalls gesteuert werden müssen – ganz zu schweigen von Fantasien, Hoffnung, Ängsten, Zielen, Familie, Bildung, Berufung und dem guten Vorsatz, beim nächsten Familientreffen keine Witze über das Toupet von Onkel Karl zu machen.

Dennoch halte ich es für gut, wenn Sie die Möglichkeit haben, festzustellen, auf welche Weise Awefeeling hinter den Kulissen die Fäden zieht und welche Fortschritte es zu verzeichnen gibt. Das Einzige, worum ich Sie bitte ist, dass Sie die Fortschritte nicht daran messen, ob Ihre Erwartungen erfüllt werden. Wie bereits erwähnt, heilt Awefeeling auf der Grundlage der Bedürfnisse Ihres gesamten Wesens und nicht auf der Basis dessen, was Sie glauben oder denken, das geheilt werden sollte. Es ist daher keine gute Idee, auf spezifische Ergebnisse zu warten. Wenn Sie Ihre Erwartungen beiseitelegen können und einfach nur tatsächliche Veränderungen messen, die sich zeigen, haben wir den perfekten Ausgangspunkt. Einverstanden?

Die positiven Auswirkungen von Awefeeling zeigen sich auf zweierlei Weise – unmittelbar und langfristig. Im Allgemeinen gilt, dass bei akuten Leiden ein höheres Maß an zeitnahem Messen sinnvoll ist, während bei chronischen Leiden mehr Zeit einkalkuliert werden sollte. Aber auch das ist nicht in Stein gemeißelt.

Wie Sie bereits wissen, nutzen Sie Awefeeling in Form von kurzen, regelmäßigen Sitzungen, die jeweils rund 30 Sekunden dauern. Die Wirkung dieser Sitzungen setzt unmittelbar tief in Ihrem Inneren ein. Abgesehen von einer spürbaren Entspannung und einem tieferen Wohlgefühl lassen sich diese positiven Auswirkungen nicht unmittelbar erkennen. Sie zeigen sich eher im Verlauf von Tagen, Wochen oder sogar Monaten. Die durch Awefeeling angestoßene Heilung ist in der Regel tiefer, weitreichend und dauerhaft. Die mit erweitertem Awefeeling erzielten Ergebnisse sind rascher spürbar, manchmal innerhalb von Sekunden. Eine solche Sitzung kann von nur wenigen Minuten bis zu einer Stunde dauern.

So lassen sich beispielsweise nach einer einzigen 10 bis 15 Minuten langen Sitzung mit der erweiterten Awefeeling-Methode sofort Veränderungen bei Blutzucker, Blutdruck, Fieber, Ängsten, Schmerzen und anderen

Werten feststellen. Auf der anderen Seite ist die Freude, die während einer 30 Sekunden andauernden Awefeeling-Sitzung entsteht, zwar sofort erfahrbar und spürbar, aber der Zeitraum ist in der Regel zu kurz, um mithilfe von Blutdruck- oder Blutzuckermessgeräten eine unmittelbare heilsame Reaktion nachweisen zu können. Wenn Sie zufällig einen Magnetresonanztomographen im Keller stehen haben, ist das natürlich eine andere Sache.

Es ist wichtig zu wissen, dass die Vorgehensweise bei der Awefeeling-Methode und ihrer erweiterten Form genau die Gleiche ist. Der Unterschied liegt allein im Zeitraum, der in der letzten Phase im erweiterten Gewahrsein verbracht wird. Bei der regulären Awefeeling-Methode dauert die Phase, in der Sie sich in den Raum „jenseits der Schöpfung" begeben, in der Regel nur wenige Sekunden an. Bei der erweiterten Methode hingegen kehren Sie minutenlang immer wieder zu diesem Gewahrsein zurück, manchmal sogar viele Minuten am Stück.

Auch wenn Awefeeling und seine erweiterte Form auf erstaunlich schnelle und effiziente Weise Heilung und Harmonie in jedem Bereich Ihres Lebens unterstützen und verstärken, sollten sie kein Ersatz für eine Behandlung durch qualifiziertes medizinisches Fachpersonal sein. Sie können sich darauf verlassen, dass sowohl Awefeeling als auch erweitertes Awefeeling niemals Schaden anrichten werden. Sie können gefahrlos ergänzend zu traditionellen Heilmethoden eingesetzt werden, ohne diese zu behindern. Awefeeling und erweitertes Awefeeling werden die Wirkung nur unterstützen. Lassen Sie sich im Zweifelsfall von der Sie behandelnden Person beraten. Sollte diese die Awefeeling-Methode nicht kennen, dann geben Sie ihm oder ihr einfach dieses Buch zu lesen. So lassen sich Missverständnisse vermeiden und die traditionelle Medizin kann um einige neue Modelle der Heilungsunterstützung erweitert werden.

Objektive Messungen

Unter objektiven Messungen versteht man das Sammeln von Daten mithilfe von Geräten und Messmethoden, die durch ihre Unvoreingenommenheit eine mögliche Verzerrung der Ergebnisse weitestgehend ausschließen. In einem Krankenhaus finden Sie jede Menge Geräte und Hilfsmittel, die objektive Daten liefern, wie beispielsweise Kernspintomographen, Mikroskope, Stethoskope, Blutdruckmessgeräte, Thermometer und so weiter. Zum Glück benötigt man nicht immer teure Geräte, um objektive Daten zu erhalten. Das Messen von Puls oder Atemfrequenz kann auch so erfolgen.

Verlassen wir nun das Krankenhaus und setzen uns in Ihr Auto. Welche objektiven Daten werden uns hier geliefert? Mir fallen da beispielsweise der Ölmessstab ein, der Luftdruckprüfer, der Tachometer und das Blaulicht hinter Ihnen, wenn Sie vergessen haben, auf den Tachometer zu schauen. In diesem Fall erhalten Sie weiteres objektives Feedback in Form eines Strafzettels für zu schnelles Fahren. Wie Sie sehen, gibt es in unserer Welt zahlreiche Möglichkeiten, objektive Informationen zu sammeln.

Ich habe bereits erwähnt, dass es sich bei der Awefeeling-Methode um eine wissenschaftliche Technik handelt, was bedeutet, dass ihre positiven Auswirkungen mithilfe von objektiven Geräten gemessen werden können. Als Beispiel werde ich einige häufig vorkommende chronische und akute Leiden anführen, die eine objektive Messung zulassen. Das gibt Ihnen belastbare Informationen über die Wirksamkeit von Awefeeling und seiner erweiterten Form an die Hand. Außerdem bekommen Sie so auch Anregungen, wie Sie bei anderen Krankheiten oder Leiden vorgehen können.

Chronische Leiden

Blutdruck

Regelmäßige Awefeeling-Sitzungen können sich spürbar auf Ihren Blutdruck auswirken. Erste Erfolge lassen sich oft schon nach wenigen Tagen erkennen, aber nach einigen Wochen beziehungsweise ein bis zwei Monaten lassen sich zumeist exzellente Resultate vermerken. Wenn Sie unter erhöhtem Blutdruck leiden und Ihre Werte regelmäßig prüfen, dann behalten Sie diese Praxis bei. Wenn Sie bislang nicht regelmäßig messen, sollten Sie es nun vielleicht alle paar Tage tun oder zumindest einmal in der Woche. Sprechen Sie in jedem Fall mit Ihrem Arzt oder Ihrer Ärztin, bevor Sie etwas an Ihrer medikamentösen Behandlung umstellen.

Wenn jemand, den Sie kennen, eine Blutdruckkrise durchlebt, wird erweitertes Awefeeling sich als sehr nützlich erweisen. Stellen Sie zuallererst sicher, dass alle notwendigen medizinischen Anweisungen eingehalten werden. Blutdruckkrisen können tödlich enden, die Sicherheit sollte also an erster Stelle stehen. Sobald alle medizinischen Maßnahmen ergriffen wurden oder gerade eine Pause zwischen zwei Behandlungen eintritt, können Sie erweitertes Awefeeling einsetzen.

Beginnen Sie mit dem erweiterten Awefeeling wie im vorherigen Kapitel beschrieben. Denken Sie daran, entspannt und achtsam in der letzten Phase zu sein und immer wieder zum Awefeeling zurückzukehren, wenn sich Gedanken einschleichen. Es ist von entscheidender Bedeutung, dass Sie nicht versuchen, die Heilung auf irgendeine Weise bewusst zu fördern. Es kann sein, dass Sie sich Sorgen machen und sehr darauf bedacht sind, Ihrem Partner zur Heilung zu verhelfen. Vielleicht sind Sie auch so überwältigt von seinem Zustand, dass Sie nur eine oder zwei Sekunden lang im Awefeeling verbleiben können. Seien Sie beruhigt – bereits wenige Sekunden im Gewahrsein von Awefeeling können sehr heilsam sein. Wenn sich Ihre Gedanken ein wenig beruhigt haben, wenden Sie einfach noch einmal erweitertes Awefeeling an. Sie werden erstaunt feststellen, dass Sie den Zustand Ihres Partners auch dann positiv beeinflussen können, wenn Sie nur gelegentlich ins Awefeeling eintauchen.

Wenn Sie sich täglich 10 bis 15 Minuten Zeit für erweiterte Awefeeling-Sitzungen nehmen, dann kann dies Ihre Heilung erheblich fördern. Wenn Sie schneller spürbare Ergebnisse erzielen möchten, dann nehmen Sie sich zweimal am Tag Zeit für erweitertes Awefeeling mit geschlossenen Augen. Sie werden bemerken, wie erholsam und entspannend dies ist. Achten Sie darauf, dass Sie nach Beendigung Ihrer erweiterten Awefeeling-Sitzung noch ein bis zwei Minuten mit geschlossenen Augen sitzenbleiben, damit Ihr Körper und Ihre Seele sich die Zeit nehmen können, langsam wieder zur Alltagsroutine überzugehen.

Blutzucker

Ein niedriger Blutzuckerwert (Hypoglykämie) kann viele Ursachen haben. Prädiabetes und Diabetes verursachen hohen Blutzucker (Hyperglykämie). In beiden Fällen kann Awefeeling eine Rückkehr zu einem normalen Blutzuckerspiegel unterstützen. Testen Sie wie üblich Ihre

Blutzuckerwerte. Bei niedrigem Blutzucker setzt die Wirkung meist schneller ein, wobei hier die Ursache entscheidend sein kann. Bei Prädiabetes und Diabetes kann es etwas länger dauern, bis die Wirkung spürbar wird. Aber auch das muss nicht immer der Fall sein, wie eine Geschichte aus einem meiner Kurse zeigt. Eine Diabetikerin, die an einem meiner QE-Seminare teilnahm, hatte das Gefühl, dass sie besser einmal ihren Blutzuckerwert bestimmen sollte und stellte fest, dass er niedrig war. Sie wollte also den Raum verlassen, um sich Insulin zu spritzen. Ich hatte in diesem Moment gerade damit begonnen, den Teilnehmenden die Eu-Gefühl-Technik beizubringen, also beschloss sie, die Übung noch mitzumachen, bevor sie sich das Insulin spritzte. Nachdem sie die Eu-Gefühl-Technik erlernt und durchgeführt hatte, was etwa zehn Minuten in Anspruch genommen hatte, fühlte sie sich besser. Daraufhin testete sie erneut ihren Blutzuckerwert, der sich nun vollkommen im normalen Bereich bewegte.

Auch wenn Awefeeling kein Heilmittel für Hypoglykämie oder Diabetes ist, kann es eine wichtige Rolle bei der Regulierung und sogar Stabilisierung dieser Leiden spielen. Auch hier gilt, dass Sie schnellere und deutlichere Ergebnisse erzielen, wenn Sie das erweiterte Awefeeling zweimal am Tag für 10 bis 20 Minuten mit geschlossenen Augen anwenden.

Akute Leiden

Fieber

Fieber ist in der Regel ein Alarmsignal des Körpers und deutet auf ein akutes Problem wie beispielsweise eine Infektion, Vergiftung, Erschöpfung oder Entzündung hin.

Bei solchen akuten Leiden ist es ratsam, erweitertes Awefeeling häufiger und länger durchzuführen. Im Fall von Fieber sollten Sie als erstes messen, wie hoch die Temperatur ist, und dann mit der erweiterten Awefeeling-Sitzung beginnen.

Sie können erweitertes Awefeeling für sich selbst durchführen oder dabei helfen, die Temperatur bei Ihrem Partner zu senken. Vor allem bei Kindern kann dies sehr hilfreich sein. Setzen Sie sich neben die Person und legen Sie ganz sanft Ihre Hand auf eine beliebige Körperstelle. Beginnen Sie mit dem erweiterten Awefeeling. Je nachdem, welche Ursache dem Fieber zugrunde liegt, kann die Temperatur oft schon innerhalb von Minuten sinken. Denken Sie daran, dass bei Anwendung des erweiterten Awefeeling das Eu-Gefühl ausschlaggebend ist. Es unterstützt den Körper, damit dieser das tun kann, was er ohnehin beherrscht: Heilen. Genauso, wie man einem Freund hilft, ein Hindernis zu überwinden, gibt das erweiterte Awefeeling dem Körper einen zusätzlichen Schub. Messen Sie nach einiger Zeit erneut die Temperatur.

Als ich einmal auf einer Buchmesse unterwegs war, wurde ich auf ein paar Kinder aufmerksam, die laut und fröhlich in der Menge herumliefen und spielten. Dabei fiel mir ein Kind auf, das abseits auf einer Kiste mit Büchern saß, mit gerötetem Gesicht und müden, glanzlosen Augen. Ich beschloss, seine Mutter anzusprechen und mich nach ihm zu erkundigen. Sie erzählte mir, ihr Sohn fühle sich plötzlich schlapp und fiebrig. Ich stellte mich vor und fragte sie, ob es in Ordnung sei, wenn ich kurz eine Hand auf seine Schulter legte. Auch wenn ihr Blick einige Zweifel verriet, stimmte sie zu und beobachtete genau, was ich tat. Ich begann mit einer Variante des erweiterten Awefeeling.

Innerhalb von drei Minuten war das Fieber des Kindes gesunken. Sein Gesicht nahm wieder eine gesunde Farbe an und seine Augen begannen zu glänzen. Ehe wir uns versahen, stürmte der Junge schon zu den anderen Kindern und rief: „Wartet! Ich mache wieder mit!" Spätestens an diesem Punkt fragte ich mich, ob ich wohl die richtige Entscheidung getroffen hatte.

Physische Einschränkungen und Schmerzen

Das Messen der Intensität von Schmerzen ist zwar subjektiv, aber in Bezug auf Ursache und Heilung können wir objektivere Maßstäbe anlegen. Nehmen wir einmal an, bei Ihnen wurde eine chronische Schulterverletzung diagnostiziert. Sie haben nicht nur Schmerzen, sondern können auch den Arm weder über Schulterhöhe anheben noch frei in alle Richtungen drehen. Vielleicht haben Sie sogar schon einige Jahre mit dem Problem zu tun.

Der limitierte Bewegungsradius könnte genau gemessen werden, aber Sie brauchen kein Winkelmaß, um die offensichtlichen Einschränkungen in Ihrer Schulter zu spüren. Sie werden vielleicht feststellen, dass Sie nach einigen Wochen der Anwendung von Awefeeling ein freieres Gefühl in der Schulter haben. Noch eine weitere Zeit später wird Ihnen dann vielleicht bewusst, dass Sie wieder Ihre volle Bewegungsfreiheit erlangt haben und, dass Sie schmerzfrei sind.

Mit erweitertem Awefeeling erzielen Sie schnellere Ergebnisse, manchmal innerhalb weniger Minuten. Ich weiß, das klingt ziemlich verblüffend, aber es kommt häufiger vor, als Sie es sich im Moment vielleicht vorstellen können. Wenn Sie ein Beispiel sehen möchten, empfehle ich ein 6-minütiges Video, das bei einem QE-Workshop in Paris aufgenommen wurde. Bei dem Freiwilligen aus dem

Publikum war eine verkalkte Schulter diagnostiziert worden, die ihm schon seit einigen Jahren zu schaffen machte. Auch wenn ich in dem Video die Geschwindigkeit und Wirksamkeit von QE demonstriere, kann ich Ihnen versichern, dass erweitertes Awefeeling genauso wirksam ist, vielleicht sogar noch wirksamer. Im Video lässt sich die Bewegungseinschränkung gut erkennen. Auch wenn Klang- und Bildqualität nicht optimal sind, denke ich, Sie werden diese Demonstration spannend und erhellend finden. [Geben Sie auf YouTube die Stichworte „QE Demonstration (Calcified Shoulder)" ein.]

Subjektive Messungen

Es ist vielleicht schwer zu glauben, aber in der Wissenschaft ist die Grenzlinie zwischen subjektiven und objektiven Messungen nicht immer ganz eindeutig. Für unsere Zwecke jedenfalls sind die folgenden Beispiele für subjektive Messungen vollkommen ausreichend.

Subjektive Daten sind für Ärzte extrem wichtig, um ein vollständiges Bild des Patienten und der möglichen Ursachen für sein Leiden zu bekommen. Jedes Mal, wenn Sie einen neuen Arzt aufsuchen, bittet man Sie, ein Aufnahmeformular auszufüllen. Sie kennen das sicher. Man will Ihr Alter wissen, Ihr Geschlecht, Ihren Stresspegel und Ihre Krankengeschichte – wenn möglich auch die Ihrer Vorfahren bis hin zur Steinzeit. Ich weiß, dass das Ausfüllen dieser Formulare lästig ist, aber es hilft Ihrem Arzt oder Ihrer Ärztin, sich bestmöglich um Sie zu kümmern.

Nehmen wir einmal ein Fallbeispiel aus der Praxis. Sie dürfen sich in Gedanken ein Stethoskop umhängen und mithelfen, festzustellen, ob der Patient eine Behandlung benötigt. Folgende Symptome sind vorhanden: Der Patient hat Probleme, sicher zu gehen. Er schwankt von einer Seite zur anderen und muss immer wieder von jemandem gestützt werden, um nicht umzukippen. Es fällt ihm zudem schwer, verständliche Sätze zu bilden und er reagiert oft verwirrt auf einfache Fragen wie „Wie heißen Sie?" oder „Wann haben Sie zuletzt etwas gegessen?". Die Blase hat er auch nicht recht unter Kontrolle. Hinzukommen häufige Stimmungsschwankungen.

Nun, wie lautet Ihre Expertenmeinung als lizensierter Leser dieses Buchs mit einem Diplom der Awefeeling-Universität?

Frage: Ist Ihr Patient gesund oder benötigt er medizinische Hilfe?

Antwort: Wir wissen es nicht.

„Moment einmal!", werden Sie jetzt sicher sagen. „Wie kann dieser Patient gesund sein?"

Gute Frage! Wie kann ich behaupten, dass ein Patient mit diesen Problemen auch nur annähernd gesund ist? Nun, ich kann es auf Grundlage der Tatsache sagen, dass uns eine ganz wichtige Information fehlt. Was würden Sie zu den Symptomen Ihres Patienten sagen, wenn ich Ihnen mitteilte, dass er neun Monate alt ist? Sehen Sie, was sich meine? Das Auslassen dieser einzelnen, wichtigen Information verändert die gesamte Diagnose. Sobald wir wissen, dass es sich bei unserem Patienten um ein Kleinkind handelt, sind die Symptome vollkommen normal. Wenn Sie also das nächste Mal darüber murren, all die Formulare ausfüllen zu müssen, dann wäre mein Tipp, dass Sie auf jeden Fall Ihr Alter angeben sollten.

Die Skala von 0 bis 10

Ich habe über die Jahre hinweg mit einer Skala von 0 bis 10 gute Erfahrungen bei der Arbeit gemacht. Sie ist leicht zu verstehen und anzuwenden. Nach Abschluss bekommt man einen guten Eindruck davon, wie sich der Zustand verändert hat oder auch nicht. Sie müssen dazu nur einen einfachen Prozess erklären und eine einzige Frage stellen. Wie es funktioniert, erkläre ich im Folgenden.

Da wir bereits das Beispiel einer verkalkten Schulter hatten, wenden wir unsere Skala von 0 bis 10 nun einmal darauf an. Bitten Sie Ihren Partner zunächst, Ihnen zu zeigen, welche Schulterbewegungen eingeschränkt sind. Fragen Sie als nächstes, welche Bewegung die meisten Schmerzen verursacht. Bitten Sie die Person, die Schulter in diese schmerzhafteste Position zu bringen und dann den Schmerz auf der Skala von 0 bis 10 einzuschätzen, wobei 10 für unerträgliche Schmerzen steht. Sobald Ihr Gegenüber die schmerzhafteste Haltung gefunden hat, nennt er oder sie die Zahl, die der Schmerzintensität entspricht. Fertig!

Nehmen wir an, Sie wollten eine erweiterte Awefeeling-Sitzung bei dieser Person einsetzen. Legen Sie Ihre Hände an beliebigen Stellen auf ihren Körper und beginnen Sie mit erweitertem Awefeeling von etwa fünf Minuten Länge. Bitten Sie dann um einen erneuten Test. Dazu muss die Person die Schulter erneut in die schmerzhafte Position bringen und den Schmerz wieder auf der Skala von 0 bis 10 bewerten. Es kann sein, dass die Schulter nun schmerzfrei in vollem Umfang bewegt werden kann oder kaum ein Unterschied festzustellen ist. An diesem Punkt können Sie entscheiden, ob Sie fortfahren wollen und wie lange. Führen Sie ruhig einen zweiten oder dritten Test durch, und es ist immer eine gute Idee, mit einem abschließenden Test zu enden.

Über die Tests vorab und danach erhalten Sie als Initiator wertvolle Rückmeldungen. Auch für Ihren Partner ist es wichtig, die Veränderungen zu sehen. Awefeeling und seine erweiterte Form wirken so sanft und schnell, dass Sie beim abschließenden Test häufig Überraschung und Freude auf dem Gesicht Ihres Partners sehen werden, wenn er oder sie dann feststellt, dass ihr Problem gelöst ist.

Wo wir gerade von Tests sprechen – wenn Sie mögen, können Sie auch bei sich selbst die positiven Auswirkungen von Awefeeling messen und festhalten. Dazu können Sie die objektiven und subjektiven Messungen nutzen, die Sie ohnehin verwenden. Vielleicht mögen Sie Ihre Erfahrungen zusätzlich in einem Tagebuch festhalten. Halten Sie die Werte von Messungen und die Maßnahmen fest, die Ihr Arzt oder Therapeut Ihnen empfohlen hat, regelmäßig durchzuführen. Das kann beispielsweise das Messen des Blutdrucks oder des Blutzuckers sein. Sie können aber auch festhalten, wie Sie geschlafen haben, wie viele Schritte Sie gegangen sind, wie beweglich Ihre Gelenke sind oder wie Sie mit anderen ausgekommen sind und so weiter.

Wenn Sie unter chronischen Schmerzen, Verdauungsproblemen, geistiger Ermüdung, Schlaflosigkeit, Stimmungsschwankungen, Ängsten oder Ähnlichem leiden, können Sie auch hier die Skala von 0 bis 10 nutzen, um den jeweiligen Grad festzuhalten und laufende Aufzeichnungen zu machen, während Sie Ihre Awefeeling-Sitzungen fortsetzen. Das gilt auch für die Ergebnisse der jährlichen oder halbjährlichen Blutuntersuchung beim Arzt. Vergleichen Sie die Daten dann nach ein paar Wochen oder Monaten mit den Werten, die Sie hatten, bevor Sie mit Awefeeling oder erweitertem Awefeeling angefangen haben. Was hat sich verändert, was zeigen die Zahlen und stützen sie das, was Sie bislang über das Awefeeling erfahren haben? Wenn Sie nach einer Möglichkeit suchen, sich selbst den Wert des Awefeeling zu beweisen, dann haben Sie sie hiermit gefunden. Ich bitte Sie lediglich darum, Awefeeling und erweitertem Awefeeling ausreichend Zeit zu geben, damit ihre Auswirkungen sich in den Messergebnissen niederschlagen können. Je nachdem, unter was Sie leiden, kann dies auch längere Zeit dauern, aber in jedem Fall erhalten Sie schnellere Ergebnisse, als wenn Sie Awefeeling gar nicht anwenden würden. Haben Sie einfach Spaß am Sammeln von Daten und lassen Sie mich wissen, wie Sie vorankommen.

Emotionen messen

Die Psychologie kennt einige sehr effektive Hilfsmittel zum Messen von Emotionen. Emotionen können sowohl subjektiv als auch objektiv über ihren Einfluss auf den Körper gemessen werden.

Gewisse Körperreaktionen wie Pupillenerweiterung, Puls, Hautwiderstand, Gesichtsbewegungen und Gehirnströme können dabei helfen, zu bestimmen, welche Emotionen der Patient oder die Patientin gerade durchläuft.

Wir haben uns bereits angesehen, auf welche Weise Awefeeling uns glücklicher macht. Ich möchte Ihnen nun ein einfaches, subjektives Hilfsmittel vorstellen, das Ihnen ermöglicht, Ihr Glücksgefühl zu messen, während Sie Awefeeling immer tiefer in Ihr Leben lassen und immer vertrauter mit ihm werden. Dazu habe ich sieben einfache Fragen zusammengestellt, die Ihnen helfen, ein ungefähres Gefühl für Ihren Glücksquotienten zu bekommen. Beginnen Sie noch heute, und stellen Sie sich die Fragen über die kommenden Wochen und Monate immer wieder. Bereit? Dann lassen Sie uns beginnen.

Glücksbarometer

Bestimmen Sie bei jeder der folgenden Aussagen eine Zahl zwischen 1 und 7, die Ihrer Meinung nach am ehesten auf Sie zutrifft. Notieren Sie Ihre Antworten auf einem separaten Blatt Papier. In der Regel ist die Zahl, die Ihnen als erstes in den Sinn kommt, die richtige.

Ich halte mich im Allgemeinen für einen glücklichen Menschen.

1 2 3 4 5 6 7

Im Vergleich zu den meisten Menschen in meinem Umfeld halte ich mich für einen glücklichen Menschen.

1 2 3 4 5 6 7

Ich schaue optimistisch in die Zukunft.

1 2 3 4 5 6 7

Ich habe ein starkes Gefühl von Sinnhaftigkeit und Bedeutung in meinem Leben.

1 2 3 4 5 6 7

Ich glaube, ich könnte glücklicher sein.

1 2 3 4 5 6 7

Ich lache viel.

1 2 3 4 5 6 7

Ich bin offen für neue Ideen und Möglichkeiten.
1 2 3 4 5 6 7

HINWEIS: *Um Ihren persönlichen Glücksquotienten zu bestimmen,* ***addieren Sie alle Antworten und teilen das Ergebnis durch 7****. Der niedrigste Glücksquotient, den Sie erzielen können, ist eine 1, der höchstmögliche eine 7. Bei einem Wert von 1–2 sind Sie am wenigsten glücklich, im Bereich zwischen 3 und 5 liegt Ihr Glücksquotient im Durchschnitt und alles über 5 spricht dafür, dass Sie sehr glücklich sind.*

Das Glücksbarometer ist ein gutes und allgemeingültiges Werkzeug zum Messen Ihres Glücksquotienten. Auch wenn der Fragenkatalog keinen weiten Rahmen hat, hilft er Ihnen doch, relativ genau zu bestimmen, wie Ihr grundlegender Glückszustand aussieht. Wenn die neueren Theorien, dass wir den Grad unseres Glücksempfindens selbst erhöhen können, korrekt sind, und es Ihnen Freude macht, täglich in Ehrfurcht einzutauchen, dann können Sie sich darauf einstellen, dass Ihr Glücksquotient mit der Zeit ansteigen wird. Ich empfehle, dass Sie die Fragen einmal im Monat für sich beantworten. Schauen Sie nicht auf die Werte des Vormonats, bevor Sie Ihren aktuellen Test gemacht haben. Und denken Sie daran, die tatsächlichen Ergebnisse nicht an Ihren Erwartungen zu messen!

Ein wenig Hilfe von Freunden

Ich sammle Statistiken von interessierten Lesern und Leserinnen wie Ihnen und würde mich über Rückmeldungen freuen. Wenn Sie teilnehmen möchten und bereit sind, Ihre Ergebnisse weiterzugeben, dann senden Sie sie bitte an die Mail-Adresse info@KinslowSystem.com mit dem Betreff HAPPINESS RESEARCH (in etwa Glücksrecherche, Anm. d. Verlags). Wir sammeln nur die unten aufgeführten allgemeinen Informationen, um Ihre Anonymität zu gewährleisten.

- Vorname (oder Pseudonym)
- Stadt und Land
- Alter
- Geschlecht
- Ergebnis des ersten Glücksbarometers und sechs nachfolgende monatliche Glücksquotienten
  - Erster Glücksquotient ....
  - Monat 1 ....
  - Monat 2 ....
  - Monat 3 ....
  - Monat 4 ....
  - Monat 5 ....
  - Monat 6 ....

Achten Sie darauf, dass Ihre Ergebnisse spontan entstehen. Veränderungen können so sanft und nahtlos eintreten, dass Sie vielleicht selbst überrascht sind, sich sagen zu hören, dass Ihre Stimmung in den vergangenen Wochen viel besser war oder dass Sie auch bei Herausforderungen innerlich ruhig blieben. Daran können Sie echte Veränderungen erkennen.

Die wichtigsten Punkte aus diesem Kapitel

- Awefeeling wirkt hinter den Kulissen, jenseits unserer bewussten Gedanken.
- Die positiven Auswirkungen von Awefeeling treten sofort ein und sind nachhaltig.
- Lassen Sie Ihre Erwartungen außen vor. Bauen Sie auf Tests und Beobachtungen, um das Ergebnis zu messen.
- Die positiven Auswirkungen von Awefeeling lassen sich mithilfe traditioneller medizinischer Geräte und Techniken messen.
- Die Wirkung von Awefeeling lässt sich sowohl objektiv als auch subjektiv messen.

KAPITEL 26

LEBENSQUALITÄT

Seit 2014 – und zum ersten Mal in der amerikanischen Geschichte – sinkt die Lebenserwartung von US-Bürgern, auch im Vergleich mit anderen wohlhabenden Staaten. Zusätzlich interessant ist in diesem Zusammenhang, dass der COVID-19-Virus in den Jahren 2019 bis 2020 Hunderttausende Amerikaner das Leben kostete und dennoch als Todesursache erst an dritter Stelle nach Herz-Kreislauf-Erkrankungen und Krebs rangierte, die in diesem Zeitraum für etwa doppelt so viele Todesfälle wie COVID-19 verantwortlich waren.

Zu behaupten, die USA steckten in einer gesundheitlichen Krise, wäre gelinde gesagt untertrieben. Andere Länder haben allerdings ebenfalls mit diesem Problem zu kämpfen. Auf meinen Workshop-Reisen durch Asien und Europa stelle ich fest, dass vielerorts die gleichen Gesundheitsprobleme herrschen. Die Vereinigten Staaten waren in Bereichen wie Wissenschaft, Technik, Handel, Menschenrechte und sogar Notfallmedizin lange Jahre Vorreiter und haben einen wichtigen Beitrag geleistet. Es macht mich traurig zu sehen, dass wir nun auch Vorreiter auf dem Weg zu mangelnder Gesundheit zu sein scheinen. Die Abnahme der Gesundheit ist schleichend, und wir haben uns im Zeitverlauf daran gewöhnt. Heutzutage akzeptieren wir Dinge, die noch vor ein paar Jahren unvorstellbar gewesen wären. Die Gesundheit des Einzelnen ist nur ein Teil des Problems, das weit über das persönliche körperliche und emotionale Wohlbefinden hinausgeht. (In *Anhang 3: Dynamik* erfahren Sie mehr darüber, wie Sie mit Awefeeling nicht nur Ihre Lebensqualität verbessern, sondern auch Ihre Lebensdauer verlängern können.)

Abnehmende Gesundheit und Lebenserwartung sind nur ein Stück der großen Torte, die wir als Lebensqualität bezeichnen. Zum Zeitpunkt, an dem dieses Buch entstanden ist, befindet sich die Lebensqualität in den USA seit über einem Jahrzehnt auf dem absteigenden Ast. Wobei auch dies nicht nur für die USA gilt. Vielleicht haben Sie das Gefühl, das Verfolgen internationaler Entwicklungen würde den Rahmen dieses Buchs sprengen, aber ich versichere Ihnen, dass dies nicht der Fall ist. Awefeeling kann auch auf internationaler Ebene eine entscheidende Rolle spielen, sofern man ihm eine Chance dazu gibt.

In der heutigen Welt fließt jede Menge Zeit und Geld in das Ziel, den Weltfrieden zu sichern – sei es auf diplomatischem Weg oder durch internationale Abkommen oder durch stetig wachsende Militärausgaben. Das Problem bei diesem Ansatz ist, dass wahrer Frieden nicht erzwungen werden kann. Sie können niemandem sagen, dass er friedlich sein soll, selbst wenn Sie die mächtigste Person der Welt wären. Wahrer Weltfrieden kann nur durch genug friedliche Individuen entstehen, die diese Welt ausmachen. Weltfrieden ist ein vielfach multiplizierter individueller Frieden. Nun fragen Sie sich wahrscheinlich, inwieweit Awefeeling zum Weltfrieden beitragen kann. Ganz einfach: Es müssen nur genügend Menschen im Awefeeling sein und 3 ½ Minuten am Tag darin eintauchen. Wenn die Lebensqualität des Einzelnen steigt, dann steigt auch die allgemeine Lebensqualität. So einfach ist das. Schauen wir, was wir tun können, um unseren

Teil der Welt besser zu machen, auf diese Weise die Lebensqualität anzuheben und etwas für den Weltfrieden zu tun.

Beginnen wir mit der Lebensqualität. Sie wissen nicht genau, was damit gemeint ist? Damit stehen Sie nicht allein, denn es hat sich gezeigt, dass selbst Experten Probleme damit haben. Finden wir also unsere eigene Definition, damit wir genau wissen, worüber wir reden und was wir zur Verbesserung tun können.

Man kann sagen, dass es bei der Lebensqualität allgemein darum geht, wie gut wir leben. Was genau bedeutet das? Hier sehen wir schon die Schwierigkeiten, die andere haben, das zu definieren. Die Vorstellung davon, „wie gut wir leben", kann bei unterschiedlichen Menschen ganz unterschiedlich aussehen. Ich kann das Gefühl haben, dass meine Lebensqualität sich verbessert hat, wenn es mir gesundheitlich wieder besser geht. Für eine andere Person hängt die Lebensqualität womöglich von finanzieller Sicherheit ab, wohingegen für eine Dritte Freunde und Familie einen wesentlichen Aspekt ausmachen. Wieder ein anderer mag Reisen besonders wichtig finden oder auch Grundbesitz.

Am besten nehmen Sie sich einen Moment Zeit, um für sich selbst herauszufinden, was Ihr Leben bereichert. Ich führe ein paar Bereiche auf, die Ihnen beim Organisieren Ihrer Gedanken und dem Erstellen Ihrer persönlichen Liste von Lebensqualitätsfaktoren helfen können.

Untenstehend finden Sie sieben allgemeine Kategorien von Interessen. Widmen Sie jeder ein paar Minuten, um herauszufinden, wie Ihre Wünsche, Bedürfnisse, Gefühle und Sahnehäubchen in diesem Bereich aussehen. Notieren Sie Ihre Eindrücke, wenn Sie mögen, mit so vielen oder wenigen Details, wie es für Sie stimmig ist. Das Ziel besteht darin, Klarheit darüber zu gewinnen, was Ihnen ein gutes Gefühl verschafft, was Sie lebendig macht. Insgesamt bekommen Sie so ein klareres Bild davon, was eine höhere Lebensqualität für Sie bedeutet.

- Sozialer Umgang
- Umwelt
- Psychische Gesundheit
- Körperliche Gesundheit
- Arbeit und Beruf
- Intellektuelle Aktivitäten
- Spirituelle Einsichten

Fertig? Sehr gut! Haben Sie Überraschendes entdeckt? Oder sind Sie vielleicht auf Altbekanntes aber Vergessenes gestoßen?

Werfen wir nun einen genaueren Blick darauf, in welcher Weise Awefeeling uns beim Erreichen von Zielen und Verbessern der Lebensqualität unterstützt.

Dazu nehmen wir uns die einzelnen Kategorien erneut vor, und ich nenne für jede drei nachgewiesene positive Auswirkungen, die das Gewahrsein von Ehrfurcht hier auf Ihre Lebensqualität hat. Lassen Sie sich überraschen und inspirieren!

- Sozialer Umgang
  - Stärkere Verbindung zu anderen
  - Weniger Sorgen und Ängste
  - Weniger Einsamkeit
- Umwelt
  - Stärkere Verbindung zur Natur
  - Verbessertes kritisches Denkvermögen
  - Durchbrechen negativer Kreisläufe

- Psychische Gesundheit
  - Weniger Sorgen und Ängste
  - Stark verbessertes emotionales Wohlbefinden
  - Durchbrechen negativer Kreisläufe
- Körperliche Gesundheit
  - Zuwachs an Energie
  - Weniger Entzündungen und Schmerzen
  - Stärkeres Immunsystem
- Arbeit und Beruf
  - Verbessertes kritisches Denkvermögen
  - Stärkere Verbindung zu anderen
  - Weniger Sorgen und Ängste
- Intellektuelle Aktivitäten
  - Verbessertes kritisches Denkvermögen
  - Mühelose Achtsamkeit
  - Zuwachs an Energie
- Spiritualität
  - Spontanes spirituelles Wachstum
  - Mühelose Achtsamkeit
  - Stärkere Verbindung mit der Natur

Lassen Sie uns das Thema gemeinsam angehen. Lebensqualität ist eine gute und wichtige Sache, die sich jeder wünscht. Schon wenn eine einzige Person eine höhere Lebensqualität genießt, profitiert die gesamte Welt davon. Auch wenn wir alle unterschiedliche Bedürfnisse und Wünsche haben, ist eine höhere persönliche Lebensqualität für uns alle erreichbar. Und Sie wissen auch bereits, was der Schlüssel dazu ist: Awefeeling.

Wieviel Aufwand erfordert es, Awefeeling in unser Leben einziehen zu lassen? Nun, so gut wie gar keinen! Und wieviel Zeit müssen Sie investieren, um den Grundstein für eine bessere und nachhaltige Lebensqualität zu legen? Auch hier kennen Sie die Antwort bereits: 3 ½ Minuten pro Tag.

Schluss mit Trübsal blasen – Sie sind auf dem besten Weg zu einer strahlenden, begeisternden und höheren Lebensqualität.

Die wichtigsten Punkte aus diesem Kapitel

- Weltfrieden besteht aus einem ins Vielfache multiplizierten Frieden des Einzelnen.
- Jede gesunde Seele strebt nach einer höheren Lebensqualität.
- Mithilfe von Awefeeling gewinnen Sie an erfüllter, pulsierender Lebensqualität.

KAPITEL 27

PRAXISTIPPS

> *„In der schwierigen Situation nach meinem Unfall, die mich an meine Grenzen brachte und ein Gefühl der Machtlosigkeit auslöste, fand ich dank Awefeeling wieder zu tiefer Dankbarkeit, Frieden und einem liebevollen Gefühl der Einheit zurück. Mithilfe dieser speziellen Technik bin ich erfüllt von heilenden Energien und fühle mich entspannt und gut aufgehoben in der Weite des liebevollen Universums … das die Welt heilt und mein Herz vor Liebe anschwellen lässt.“*
>
> Tanja, Idaho, USA

Wir nähern uns dem Ende unserer gemeinsamen Zeit. Doch lassen Sie uns, bevor Sie dieses Buch beiseitelegen, einen Blick auf das werfen, was Sie erwarten können, wenn Sie Awefeeling einen größeren Platz in Ihrem Leben einräumen.

Beginnen wir beim Wesentlichen. Auch wenn die Awefeeling-Methode einfach ist und unmittelbare positive Auswirkungen hat, müssen Sie sie natürlich trotzdem anwenden. Dreieinhalb Minuten am Tag sollten in so gut wie jeden Zeitplan einzubauen sein. Die Herausforderung, wenn man es überhaupt so nennen will, besteht darin, sie sieben Mal am Tag zu praktizieren. Sie müssen sich im Übrigen nur in den ersten Wochen bewusst daran erinnern, wie lange genau, hängt von jedem Einzelnen ab. Schon nach einer Weile wird Awefeeling aber ganz von selbst auftauchen und Sie ganz unerwartet in seine wunderbare Welt mitnehmen.

Es ist ein wahrhaft erstaunliches Erlebnis. Im einen Moment kreisen Ihre Gedanken um die materielle Welt da draußen und im nächsten ist es so, als habe jemand einen Schalter umgelegt und Sie werden von Wellen der Seligkeit oder Dankbarkeit durchflutet. Da sitzen Sie dann, äußerlich unverändert, abgesehen vielleicht vom Anflug eines entrückten Lächelns im Gesicht, während sich Ihre Welt gerade auf nichts Geringeres als die gesamte Schöpfung und darüber hinaus ausgedehnt hat.

Es gibt viele Methoden, die Sie anwenden können, um sich anfangs an das regelmäßige Praktizieren von Awefeeling zu erinnern. Suchen Sie sich zwei oder drei Ansätze aus und wechseln Sie zwischen ihnen, damit sich keine Routine einschleicht und Sie es dann doch vergessen. Nachfolgend finden Sie einige Tipps und Ideen.

- *Haftnotizen.* Ach ja, die altbewährten Haftnotizen. Befestigen Sie sie überall, wo sie Ihnen tagsüber ins Auge springen. Ich bringe sie in Schubladen oder Schränken an, damit ich überraschend auf sie stoße. Sie wissen schon: Man öffnet eine Schublade und eine Haftnotiz lacht einem entgegen. Einer der effektivsten Orte, die ich je verwendet habe, war hinter dem Rahmen eines Fensters, das ich jeden Morgen geöffnet habe. Was für ein wunderbarer Start in den Tag. Sie müssen im Übrigen nicht einmal etwas auf dem Zettel notieren. Ich lasse meine leer, und sei es nur, um mich an das Nichts zu erinnern, aus dem das Awefeeling kommt. Vielleicht bin ich aber auch einfach zu faul, um einen Stift in die Hand zu nehmen.
- *Vor oder nach etwas, das Sie regelmäßig tun.* Ich schiebe immer eine Awefeeling-Sitzung ein, bevor ich für mich

selbst QE praktiziere. Vor dem Meditieren ist ein guter Zeitpunkt, um sich in Ehrfurcht zu begeben, ebenso wie vor jeder Form sportlicher Betätigung wie Yoga, Pilates, Spinning und so weiter. Halten Sie vor, während oder nach dem Zähneputzen inne und praktizieren Sie Awefeeling. Ich wende auch ausgesprochen gerne beim Duschen Awefeeling an. Es ist ein göttliches Gefühl, ein Wunder der Wahrnehmung (Habe ich schon einmal erwähnt, dass ich Alliterationen liebe?). Schon allein zu beobachten, wie das Wasser wirbelnd im Ausfluss verschwindet, kann ein Glücksgefühl hervorrufen. Andere geeignete Momente können vor dem Essen sein oder während Sie Ihr Essen genießen, bevor Sie mit dem Auto losfahren oder Ihren Morgenspaziergang starten, beim Halten einer Yogaposition, vor dem Aufstehen oder unmittelbar nachdem Sie sich abends ins Bett gelegt haben, nach einem Schluck Kaffee oder allen hier aufgeführten Möglichkeiten. Ich denke, Sie verstehen, was ich meine.

- *Timer.* Ich besitze eine Uhr mit einem Timer. Er erinnert mich zuverlässig daran, dass es wieder Zeit für Awefeeling ist. Jede Art von Timer ist geeignet. Am besten programmieren Sie ihn auf unterschiedliche und ungewöhnliche Zeitpunkte, damit Sie sich nicht an die Regelmäßigkeit gewöhnen. Stellen Sie den Timer beispielsweise nicht auf volle Stunden ein, sondern beim ersten Mal vielleicht auf 43 Minuten, beim nächsten auf zwei Stunden und neun Minuten und so weiter.
- *Finden Sie Ihren Awefeeling-Ort.* Nehmen Sie sich einen Moment Zeit und lassen Sie Ihren normalen Tagesablauf Revue passieren. Finden Sie Orte und Tätigkeiten, die Ihnen als Erinnerung für Ihre täglichen Awefeeling-Momente dienen können. Eine meiner wichtigsten Aufgaben als Haustierbesitzer ist es, mit unserem Hund Tinkerbell

Gassi zu gehen. Für mich ist dies zu meiner liebsten Gelegenheit geworden, Awefeeling anzuwenden. Wir wissen ja bereits, dass Ehrfurcht unsere Wertschätzung für die Natur und die Nähe zu ihr fördert. Bei mir trifft auch der Umkehrschluss zu, nämlich dass die Natur meine Nähe zur Ehrfurcht fördert. In meinem Garten finde ich Bäume und Blumen, Himmel und Wolken und eine Vielzahl von Geräuschen aus der Natur. Es ist ein wahres Awefeeling-Buffet. Während Tinkerbell in ihrer eigenen Version des Awefeeling weilt, lasse ich mich von den vielen Geräuschen und Düften, dem Blau des Himmels am Tag und dem Sternenzelt in der Nacht, dem Wind in den Bäumen und dem Summen der Bienen davontragen. Ich hoffe, Sie verstehen, was ich meine. Was ich sagen will ist Folgendes: Finden Sie etwas, das Sie jeden Tag tun, und tun Sie es im Awefeeling. Finden Sie Ihren Awefeeling-Ort und nehmen Sie ihn für sich ein. Tauchen Sie jedes Mal ins Awefeeling ab, wenn Sie dort verweilen. Es wird Ihnen schon bald zur zweiten Natur werden. Sie werden schon bald Dinge bemerken, die Sie an Ihren Awefeeling-Ort erinnern, wie ein bestimmter Geruch, ein Geräusch oder die Himmelsfarbe, und Sie werden sofort in die Gnade und Dankbarkeit der Ehrfurcht eintauchen.

- *Finden Sie Ihre Awefeeling-Tätigkeit.* Auf die gleiche Weise, wie Sie einen Awefeeling-Ort finden, können Sie auch eine Tätigkeit finden, die Sie mit dem Awefeeling verbinden. Der Vorteil hierbei ist, dass Sie nicht an einen bestimmten Ort gebunden sind. So können beispielsweise Aktivitäten wie Essen, Gehen, Lesen, Trainieren oder auch jede andere Unterbrechung Ihrer normalen Routine zu einem Awefeeling-Moment werden.
- Im Laufe der Zeit und bei regelmäßigem Eintauchen ins Awefeeling werden Ort oder Tätigkeit nicht mehr wichtig

sein. Schon bei der geringsten Empfindung, Wahrnehmung oder Erkenntnis kann Sie das Awefeeling durchfluten.

Awefeeling-Dynamik

Wir haben bereits die Dynamik in Bezug auf das Verhältnis zwischen Ihrer Gesundheit und Ihrem Alter betrachtet, den Grad Ihrer Gesamtgesundheit im Verlauf Ihres Lebens. Und wir haben uns angesehen, inwieweit das Awefeeling sowohl Ihre Lebensqualität als auch Ihre Lebensdauer steigern kann. Es gibt aber noch eine weitere Dynamik, die mit Awefeeling zusammenhängt, und die ich gerne nun mit Ihnen besprechen würde.

Sobald Sie regelmäßig ins Awefeeling eintauchen, werden Sie feststellen, dass es sich automatisch und unverhofft einstellt. Ich vergleiche das manchmal mit jemandem, den man liebt, aber längere Zeit nicht gesehen hat. Dann schleicht er sich unvermittelt von hinten an, hält einem die Augen zu und ruft: „Überraschung!". Sie erkennen sofort die Stimme und die liebevolle Berührung und sind durchflutet von Freude und Ehrfurcht. Die Dynamik beim Awefeeling ist ganz ähnlich. Wenn Sie es am wenigsten erwarten, schleicht es sich an und öffnet Ihr Herz für die Wunder der Welt.

Diese Dynamik stellt sich von selbst ein, wir sollten sie nicht bewusst anstreben. Tauchen Sie einfach täglich ins Awefeeling ein und genießen Sie, was sich ganz natürlich auf die für Sie beste Weise entfaltet. Wenn Sie nicht genau wissen, wo Ihr Platz in der Welt ist, dann machen Sie sich keine Sorgen – das Awefeeling weiß es und passt sich still und leise an die harmonischste Version Ihrer selbst an. Wenn Ihre Gedanken oder Handlungen gegen Ihre eigenen besten Interessen gehen, dann wird das Awefeeling Sie sanft in eine andere Richtung schubsen, hin zu einer authentischeren und einer lebensunterstützenden Version Ihrer selbst.

Regelmäßigkeit

Ich habe Ihnen vorgeschlagen, sieben Awefeeling-Sitzungen am Tag durchzuführen. Diese kurzen Sitzungen von 30 Sekunden Dauer sind eine großartige Grundlage und werden bereits innerhalb von wenigen Wochen Wirkung zeigen, meist sogar schneller. Sollte Ihnen das nicht reichen und sollten Sie Lust verspüren, noch häufigere Sitzungen einzulegen, dann kann ich das nur begrüßen. Sie können Awefeeling gar nicht zu oft anwenden, sollten allerdings immer eine kurze Pause zwischen den Sitzungen einlegen – ob es sich dabei um ein paar Minuten oder Stunden handelt, bleibt Ihrem Gefühl überlassen. Das Wichtigste ist die Regelmäßigkeit. Führen Sie zumindest sieben Sitzungen am Tag durch und überlassen Sie den ordnenden, harmonisierenden und heilenden Kräften des Awefeeling den Rest.

Nun kann es natürlich vorkommen, dass man es einmal vergisst. Das passiert selbst mir, der ich sonst regelmäßig ins Awefeeling eintauche. Wir setzen für einen oder auch mehrere Tage aus – nicht aus Desinteresse, sondern weil wir einfach nicht dran denken. Das ist normal, und wenn es passiert, sollten wir uns deswegen nicht schlecht fühlen. Was passiert ist, ist passiert. Und in diesem Satz steckt vielleicht mehr Weisheit, als wir ahnen.

Das Großartige am Awefeeling ist nämlich Folgendes: Es hat immer positive Auswirkungen, ob Sie sich dessen nun bewusst sind oder nicht. Sie wissen, welche ich meine. Einige haben Sie bereits kennengelernt. Wir haben sie aufgelistet und besprochen, und wenn Sie regelmäßig Ihre Awefeeling-Sitzungen durchgeführt haben, haben Sie sie auch schon erfahren. Der Großteil des Reparierens und Neuaufbauens im Körper geht vor sich, ohne dass Sie dies bewusst wahrnehmen. Wenn die positiven Auswirkungen herangereift sind, lassen Eu-Gefühl und Ehrfurcht Sie wie stolze Eltern mehr oder weniger deutlich spüren, was sich alles verbessert hat. Während Sie Awefeeling kontinuierlich anwenden, nehmen die positiven Auswirkungen Sitzung für Sitzung und Tag für Tag zu. Und dabei habe ich Ihnen das Beste noch gar nicht erzählt.

Sind Sie bereit? Welche wohltuenden Veränderungen Sie auch immer spüren, Sie können sie nicht wieder verlieren! Das Praktizieren von Awefeeling ist nicht vergleichbar mit dem Training im Fitnessstudio oder dem Durchführen einer Diät. Wenn Sie die Awefeeling-Sitzungen einmal unterbrechen, machen Sie keine Rückschritte. Sie behalten, was Sie gewonnen haben. Selbst wenn Sie Wochen oder Monate lang aussetzen, setzen Sie genau dort wieder an, wo Sie aufgehört haben. Wenn Sie beschließen, ganz damit aufzuhören, – wobei ich persönlich nicht wüsste, warum man dies tun sollte – würde sich Ihre Awefeeling-Dynamik verlangsamen und auf einem bestimmten Niveau stehenbleiben, aber Sie verlieren keinen der Vorteile, die Sie zuvor gewonnen haben.

Andererseits entgehen Ihnen, wenn Sie das Eintauchen ins Awefeeling aufgeben, einige der großartigen Belohnungen, die nur auf Sie warten. Wo sonst auf der Welt finden Sie ein Optimierungsprogramm für Körper, Geist, Emotionen, Gesellschaftsleben, Beruf und Spiritualität, das haargenau auf Sie zugeschnitten ist? Genau, nirgends!

Höhen und Tiefen

Wir haben bereits über das Auf und Ab des täglichen Lebens gesprochen. Wenn Sie mit Ihren Awefeeling-Sitzungen beginnen, werden diese Höhen und Tiefen weiterhin auftreten. Doch nach einiger Zeit werden, wie bereits beschrieben, die Tiefen höher sein, als Ihre vorherigen Höhen es waren.

Es wird immer noch Tage gehen, an denen Awefeeling das Letzte ist, an das Sie denken. Zumindest am Anfang. Vielleicht überkommt Sie manchmal das Gefühl, Sie müssten unbedingt üben, um nicht die Dynamik zu verlieren. In einem solchen Moment zwingen Sie sich womöglich zu einer Awefeeling-Sitzung. Bitte tun Sie das nicht! Es ist nicht erforderlich, sich zu irgendeinem Zeitpunkt anzustrengen oder zu bemühen. Wenn Ihnen nicht danach ist, dann lassen Sie es. Warten Sie eine Weile ab und schauen Sie, wie Sie sich dann fühlen. Während Ihrer Auszeit hat sich Ihre Stimmung womöglich verändert. Falls nicht, dann erzwingen Sie nichts und haben Sie einfach Geduld.

Manchmal können Sie ganz einfach ins Awefeeling hineingleiten. Während Sie darauf warten, dass eine widerwillige Stimmung sich verzieht, können Sie bereits mit dem ersten Schritt der Awefeeling-Methode beginnen und des Eu-Gefühls für 2–3 Sekunden lang gewahr werden. Machen Sie dies drei oder vier Mal hintereinander, oder öfter, wenn Sie mögen. Fühlen Sie sich dann bereit, weiterzugehen, wechseln Sie zum zweiten Schritt und öffnen Ihr Gewahrsein für einige Sekunden für eine Person, die Sie sehr lieben. Gelingt Ihnen dies leicht, können Sie die Erfahrung fortsetzen und die Awefeeling-Methode bis zum Ende durchführen.

Wenn das Hineingleiten ins Awefeeling gerade nicht mühelos geschieht, dann können einige Minuten, in denen Sie mit geschlossenen Augen die Eu-Gefühl-Technik praktizieren, Sie eventuell in die richtige Stimmung bringen. Funktioniert auch das nicht, verschieben Sie die nächste Awefeeling-Sitzung einfach auf ein paar Stunden später oder den nächsten Tag. Es ist, wie gesagt, wichtig, dass Sie Ihre Awefeeling-Sitzungen nicht als Pflichtübung oder als Teil eines größeren Ziels betrachten. Ein starker Wille ist nicht vonnöten. Wenn Awefeeling gerade nicht mühelos funktioniert, dann verschieben Sie es auf einen anderen Zeitpunkt.

Ultimative Leichtigkeit

Zum Zeitpunkt des Entstehens dieses Buchs praktiziere ich Awefeeling bereits seit über einem Jahr. Ich weiß nicht genau, wann die Verlagerung stattgefunden hat, aber ich durchwandere schon länger nicht mehr alle vier Schritte. Das Awefeeling stellt sich mittlerweile von einem Moment auf den anderen ein. Ehrfurcht und Eu-Gefühl werden in ihrer Einheit von Anfang bis Ende wahrgenommen. Wenn ich genauer darüber nachdenke, gibt es eigentlich keinen Anfang und kein Ende. Das Awefeeling ist immer da und wartet nur darauf, von mir erkannt zu werden. Und in dem Moment, in dem ich es spüre und wertschätze, erfüllt es mich gänzlich und ohne zu zögern. Alle Schritte vereinen sich zu einem vollständigen und fließenden Gewahrsein.

Es dürfte klar sein, dass das sofortige Gewahrsein des Awefeeling keine 30 Sekunden in Anspruch nimmt. Meine Awefeeling-Sitzungen, die man mittlerweile eher als Momente oder Augenblicke bezeichnen könnte, benötigen nur wenige Sekunden. Wenn mir danach ist, kann ich natürlich auch für einige Minuten oder länger in Ehrfurcht verweilen. Aber das ist gar nicht notwendig, denn schon der Gedanke an das Awefeeling lässt mich seiner in ganzer Fülle gewahr werden.

Die Mantel-Analogie

Wenn Sie Awefeeling regelmäßig anwenden, werden Sie innerhalb kürzester Zeit in der Lage sein, seiner gewahr zu werden, wann immer Sie dies wünschen. Denken Sie daran: Eu-Gefühl und Ehrfurcht gehören zusammen und sind immer bei Ihnen. Im Grunde bilden Sie drei eine Einheit. Sie *sind* das Awefeeling, nur sind Sie sich dessen nicht immer gewahr.

Das Awefeeling ist immer vorhanden, genau wie Sie immer vorhanden sind. Wenn Sie seiner gewahr werden, dann mussten Sie vorher nicht danach suchen. Eu-Gefühl und Ehrfurcht warten nur darauf, dass Sie das Licht Ihres Gewahrseins auf sie richten.

Man kann dies mit dem Anziehen eines Mantels an einem kalten Wintertag vergleichen. Wenn Sie den Mantel anziehen, spüren Sie zunächst sein Gewicht und die Wärme, die er Ihnen gibt. Nach einiger Zeit haben Sie den Mantel vergessen und gehen Ihren Beschäftigungen nach. Dennoch ist der Mantel ständig bei Ihnen und wärmt Sie. Wann immer Sie wollen, können Sie sich das Vorhandensein des Mantels bewusst machen, indem Sie die Frage stellen: „Habe ich meinen Mantel an und wärmt er mich?“. Sobald Sie sich diese Frage stellen, wandert Ihre Aufmerksamkeit mühelos zu Ihrem Mantel, und Sie wissen, dass Sie ihn gerade tragen. Als nächstes bemerken Sie, dass der

Mantel Sie wärmt. Der Mantel ist wie das Eu-Gefühl und die Wärme wie die Ehrfurcht. Ohne Mantel gibt es keine Wärme, den Mantel gibt es nicht ohne Wärme. Beide sind untrennbar miteinander verbunden und einander treu ergeben. Im Grunde sind sie eins und Sie sind eins mit ihnen. Sobald Sie ihnen ebenfalls treu ergeben sind, ist das Dreigestirn komplett. Genau darum geht es bei der Awefeeling-Methode. Ihnen wird bewusst, dass Sie die Schöpfung aller drei Realitäten sind.

Sobald Ihr Geist sich an den Mantel und seine Wärme gewöhnt hat, beschäftigt er sich wieder mit weltlicheren Dingen wie der Frage, was Sie zu Mittag essen wollen, wann Sie endlich dazu kommen, die Möbel im Wohnzimmer umzustellen und was Ihre beste Freundin wohl meinte, als sie sagte, Ihnen fehle jeglicher Sinn für Humor. Sehen Sie, was ich meine? Sie haben den Mantel und die Wärme, die er Ihnen spendet, schon wieder vergessen. Dennoch hält er Sie weiterhin warm, unabhängig davon, ob Sie sich dessen bewusst sind oder nicht.

Sie könnten nun sagen: „Wenn mein Mantel mich ständig wärmt, dann muss ich dessen ja nicht gewahr werden, um Nutzen aus seiner Wärme zu ziehen." Das stimmt natürlich. Der Mantel braucht Ihre bewusste Wahrnehmung nicht, um Sie warm zu halten. Das Eu-Gefühl, für das in unserer Analogie der Mantel steht, funktioniert, ob Sie seiner nun gewahr sind, oder nicht. Der Unterschied zwischen Mantel und Eu-Gefühl liegt aber darin, dass das Eu-Gefühl auf Ihr Gewahrsein reagiert. Ihr Gewahrsein des Eu-Gefühls belebt es und inspiriert es dazu, noch mehr Gelassenheit, Energie und Reinheit in alles einfließen zu lassen, was Sie tun. Diese belebende Wirkung zeigt sich am deutlichsten, wenn man während einer QE-Sitzung des Eu-Gefühls gewahr wird. Das Gewahrsein des

Eu-Gefühls beim Initiator regt beim Partner oder der Partnerin Heilung an, selbst wenn er oder sie noch nie vom Eu-Gefühl gehört hat.

Das Andere, was Sie bemerken, wenn Sie Ihres Mantels gewahr werden, ist die Wärme, die er Ihnen spendet. Im Gewahrsein seiner Wärme schätzen Sie den Mantel und die Rolle, die er dabei spielt, Sie vor den Elementen zu schützen, die Sie umgeben. Im Gewahrsein der Ehrfurcht, dem Äquivalent der Wärme in unserer Analogie, umgibt diese Sie wie ein Schutzschild und lässt jegliche Überlegungen von gut und schlecht, mein und dein, ich und die anderen in den Hintergrund treten. Die Ehrfurcht umarmt von außen die gesamte Schöpfung und alles, was darüber hinausgeht.

Das Eu-Gefühl beginnt im Nichts und fließt nach außen. Dabei heilt es unsere Wunden und verbindet uns in Liebe. Die aus der Welt der Dinge geborene Ehrfurcht überwältigt unsere Sinne und hält uns in einem köstlichen Schwebezustand, in dem wir trotz unserer Unfähigkeit, die Grenzenlosigkeit unseres Seins zu verstehen, in Glückseligkeit eintauchen. Die Verbindung von Eu-Gefühl und Ehrfurcht bewirkt, dass unsere inneren und äußeren Welten in universeller Liebe, der letzten Erkenntnis, der Erlösung der Menschheit, verschmelzen.

Was andere sagen

Ich habe Ihnen bislang in diesem Buch mit großer Freude meine Gedanken und Erfahrungen dargelegt. Meine Worte spiegeln meine Weltsicht wider. Leider konnten Sie mir Ihre nicht mitteilen, aber so ist das nun einmal bei Büchern. Zum Glück gibt es Menschen, die Awefeeling in ihr Leben gelassen haben und die gerne über ihre Erlebnisse berichten. Natürlich sollen Sie vor allem selbst mit dem Awefeeling Erfahrungen sammeln. Wie Sie sehen werden, habe ich bei den positiven Auswirkungen, die es auf Ihr Leben haben kann, eher untertrieben.

„Awefeeling ist großartig – insbesondere das Gefühl der Vorbehaltlosigkeit.“

Hans-Rudolf, Schweiz

„Ich wende *Quantum Entrainment* (QE) und die Eu-Gefühl-Technik nun schon seit Jahren zur Entspannung sowie zur Förderung emotionaler und körperlicher Heilung an. Awefeeling bringt eine neue Dimension mit hinein, in der sich das Beste von QE und den natürlichen Gefühlen von Ehrfurcht und Staunen, die ich bislang nur vereinzelt und zufällig verspürte, zu etwas noch Besserem vereinen. Die neue Technik von Kinslow ermöglicht es, dass das wundervolle Gefühl und die positive Wirkung von Ehrfurcht jederzeit in meiner Reichweite sind. Ich weiß das sehr zu schätzen.“

Richard, Illinois, USA

„Awefeeling ist beeindruckend und fantastisch. Es holt uns unmittelbar aus Gefühlen wie Langeweile oder Ermüdung heraus. Dank dieser wunderbaren Methode entdecke ich nun so viel mehr Schönes und Angenehmes im Alltag. Es ist einfach, aber machtvoll. Eine echte Vision des wahren Lebens. Seit ich Awefeeling anwende, fühle ich mich entspannter, stärker und glücklicher und habe mehr Energie. Es ist eine kostbare Erfahrung für unsere Spezies und unseren Planeten.“

Annamaria, Sankt Petersburg, Russland

„Es fällt mir mittlerweile schwer, etwas für mehr als ein paar Sekunden als „alltäglich“ anzusehen, denn sobald ich mein Gewahrsein auf ein scheinbar alltägliches Objekt richte, kommen mir sofort seine positiven Aspekte in den Sinn und ich werde automatisch gewahr, auf welche Weise dieses Objekt dem Leben dient.“

Marie, Deutschland

„Als Wissenschaftler denke ich stets darüber nach, wie die Dinge auf der Quantenebene funktionieren. Ich habe den Eindruck, dass die Awefeeling-Methode absolut brillant ist. Sie ermöglicht uns in einen Zustand zu kommen, der das Potenzial im Feld aktiviert, das im Einklang mit dem höchsten Guten, dem Besten für alle ist. Und es gibt ein inneres Erwachen der Freude, das zu weniger Entzündungen im Körper beiträgt und das Altern aufhält, indem die Länge der Telomere erhöht wird. Es ist eine kraftvolle Lebensweise, die nicht nur den Körper beeinflusst, sondern auch Potenziale im Feld aktiviert, sodass ein Leben entsteht, das innere Freude widerspiegelt.

Ich persönlich praktiziere schon seit längerem QE und nutze es täglich mit Freude. Aber Awefeeling hat die Dinge für mich noch einmal auf eine ganz neue Ebene angehoben. Es aktiviert meine innere Freude und es ist so wohltuend, es zu erleben. So muss sich wohl Erleuchtung anfühlen! Danke Frank, für Dein Engagement und dass Du dies mit der Welt teilst. Wenn alle dieses Gefühl spüren, werden wir definitiv in einer anderen Welt leben. Ich bin Dir sehr dankbar.“

Charan, Großbritannien

„Awefeeling schafft eine wundervolle und mühelose Verbindung zu dem, was wir in Wahrheit sind ... genau wie beim Eu-Gefühl erzeugt der Prozess eine tiefe Verbindung zu allem, was ist. Während wir durch das Eu-Gefühl den verborgenen Schatz des Universums tief in uns entdecken, dehnen wir uns mithilfe von Awefeeling bis zur Unendlichkeit aus und werden zu allem, was ist.

Das Erleben ist jedes Mal ein anderes, aber das Gefühl der Verbindung zu allem und der Vollständigkeit ist oft überwältigend und hinterlässt einen bleibenden Eindruck auf unser Sein. Sobald man das Kleine Ich hinter sich lässt und im großen Ozean des Gewahrseins schwimmt, ist nichts ... und zugleich doch alles ... wieder das Gleiche."

Rosemary, England

„Ich liebe Awefeeling! Es lässt einen gewahrwerden, dass man sich immer und überall in die Freude einschwingen kann."

Marie, Deutschland

KAPITEL 28

NACH HAUSE KOMMEN

Unsere gemeinsame Zeit neigt sich nun dem Ende zu, zumindest was dieses Buch betrifft. Es klingt vielleicht merkwürdig, aber ich habe beinahe das Gefühl, Sie zu kennen. Vielleicht liegt es daran, dass ich mir beim Schreiben vorgestellt habe, wir säßen zusammen an einem ruhigen, hellen Plätzchen mit einer dampfenden Tasse Tee oder Kaffee und wären ganz in die Erforschung der vielfältigen Facetten einer faszinierenden neuen Entdeckung versunken. Einer Entdeckung, die in ihrer ruhigen Art Dinge von großem Einfluss umfasst.

Ich habe beim Schreiben dieses Buches viel gelernt. Sie haben mir die Möglichkeit gegeben, die Reinheit und Kraft des Awefeeling in seiner Tiefe zu erforschen. Dank Ihnen habe ich bis hinein in die Seele des Awefeeling geblickt, um es auf Herz und Nieren zu prüfen, und bin nun stärker denn je davon überzeugt, dass es jeden und jede von uns etwas sehr Wertvolles zu lehren hat. Eine große Erkenntnis ist die, dass das Awefeeling individuell maßgeschneidert für alle ist, die nach wahrer Selbstverwirklichung streben. Noch wichtiger ist aber, dass es einen echten, greifbaren Nutzen im Hinblick auf die Linderung körperlicher Leiden, emotionaler Turbulenzen, für eine Verbesserung geistiger Klarheit und ein gutes Auskommen mit anderen hat. Das Wichtigste aber ist, dass es in Ihnen eine noch stärkere Selbstliebe entfacht. Für mich ist das Awefeeling sowohl Erlöser und

Beschützer als auch ein entscheidendes Mittel, um die Menschheit aus dem Kreislauf des Leids zu befreien.

Dieses Ersparen von Leid ist das Potenzial des Awefeeling, wenn wir alle jeden Tag auf unsere eigene Weise wieder mit ihm in Verbindung kommen. Vielleicht braucht es nicht einmal uns alle. Vielleicht reicht schon ein Bruchteil der Menschheit aus, eine Gruppe von Awefeeling-Begeisterten, die andere dazu animiert und inspiriert, sich in ihr eigenes Selbst zu verlieben. Ich weiß es nicht genau, aber ich spüre es in meinem Inneren. Ob Awefeeling sich in der Welt verbreiten wird oder nicht, so fühle ich doch Eines: Ich bin ausgefüllt und ich werde immer ausgefüllter, und dehne mich immer weiter aus, aufwärts auf Wellen des Selbst. Ich staune über die Güte, Dankbarkeit und Freude, die in mir aufsteigen, meine Welt erfüllen und in unser aller Welt überfließen. Genau so kann es gehen. So erwacht der Friede in uns, zwischen uns und durch uns alle hindurch. Eine Person nach der anderen, Schritt für Schritt, in Ehrfurcht.

Sie erlernen eine neue Sprache. Keine Fremdsprache, sondern eine Ursprache, die tief in Ihren Genen verwurzelt ist. Wie ein Archäologe graben Sie die verschüttete Sprache der Ehrfurcht wieder aus, um ihre Botschaft mit der verblüfften Welt zu teilen. Sie können sie weiterverbreiten und allen davon erzählen, wenn Sie das möchten. Sie können aber auch still und friedlich im Awefeeling dasitzen, wie eine strahlende Kerze inmitten der tiefsten Dunkelheit.

Wenn ich zurückblicke, bin ich erstaunt darüber, was wir in unserer kurzen gemeinsamen Zeit erreicht haben. Vermutlich hatten Sie zu Beginn dieses Buchs nur eine vage Vorstellung davon, was Ehrfurcht ist. Wir haben keine Zeit verschwendet und haben das Geheimnis der

Ehrfurcht sogleich erkundet. Erinnern Sie sich? Zu Anfang dieses Buchs habe ich Sie auf einen Felsvorsprung mitgenommen. Sie haben einen Stein in die dunkle Tiefe geworfen, und die Dunkelheit umfing und verschlang Sie. Ihre Sinne waren hellwach, Ihr Geist war still. Das Unfassbare zeigte sich und mit ihm die Ehrfurcht.

Was für ein Geschenk haben Sie sich selbst gemacht! Sie haben einer lebensunterstützenden Kraft eine neue Dynamik gegeben und allem abgeschworen, das von Ihrer eigenen wunderbaren Melodie ablenkt. Das Awefeeling ebnet Ihnen den Weg und neigt ihn sanft, um die Reise noch leichter, lebendiger und liebevoller zu machen.

Nun, mehr habe ich für den Moment nicht zu Ehrfurcht, Eu-Gefühl und Awefeeling zu sagen. Bevor ich mich verabschiede, möchte ich Ihnen noch etwas Persönliches mit auf den Weg geben. Ich habe unsere gemeinsame Zeit sehr genossen. In gewisser Hinsicht waren wir Fremde, als wir uns trafen: zwei in einem Sonnenstrahl aufblitzende Staubkörner, die sich für eine Weile gefunden haben. Dennoch sind Sie mir bekannt. Ich kenne das Nichts zwischen Ihren Gedanken, denn es ist auch mein Nichts. Der Frieden, der in Ihrer Seele entstanden ist, ist der Gleiche, der auch in meiner ruht. Ich kenne Sie so genau, wie ich mich selbst kenne. Jenseits der schillernden Illusion des Lebens, kenne ich Sie als mein Selbst. Sie sind der Grund, warum ich hier bin, und ich bin sehr froh, dass ich Ihnen begegnet bin.

Erzählen Sie mir Ihre Geschichte

Ich würde mich freuen, von Ihnen zu hören, wenn Sie Lust haben, mir von Ihren Erfahrungen mit Awefeeling zu berichten. Ich werde viele dieser Erfahrungsberichte auf meiner Website posten, denn das Teilen von Erfahrungen kann sowohl informativ als auch inspirierend sein. Schon das Lesen eines Awefeeling-Berichts kann dafür sorgen, dass man sich besser fühlt oder Ehrfurcht empfindet. Gleiches gilt für das schriftliche Festhalten des eigenen Erlebens. Alle Erfahrungen werden anonym veröffentlicht, lediglich allgemeine Informationen wie die unten angegebenen werden angezeigt. Sie haben also nichts zu befürchten. Außerdem unterstütze ich Sie in Form von fünf kurzen Fragen, die leicht zu beantworten sind.

Beginnen wir mit ein paar Hintergrundinformationen:

- Vorname (oder Pseudonym)
- Stadt und Land
- Alter
- Geschlecht

Fragen zum Awefeeling:

- Vor welchen Herausforderungen standen Sie vor Einsatz der Methode?
- Welche Enttäuschungen und Gefühle haben Sie durchgemacht?
- Was war für Sie das Besondere am Awefeeling?
- Wie waren Ihre ersten Erfahrungen?
- Wie haben Sie sich verändert?

ANHANG 1

DIE EU-GEFÜHL-TECHNIK

Wenn Sie die folgende Anleitung aufnehmen, dann sprechen Sie bitte mit leiser, ruhiger Stimme. Nach jeder Anweisung ist angegeben, wie viele Sekunden Sie zwischen den einzelnen Schritten verstreichen lassen sollten. Legen Sie eine entsprechende Pause ein.

Wenn Sie die Anleitung einer anderen Person vorlesen, sollten Sie vor allem darauf achten, dass nichts Ihr Gegenüber von seiner Reise nach innen ablenkt. Lesen Sie mit ruhiger Stimme, und legen Sie am Ende jeder Anweisung Pausen in der angegebenen Länge ein. Am besten sitzen Sie außerhalb des Sichtfelds der anderen Person und kommunizieren in keiner Weise mit ihr. Natürlich sollten Sie auch unnötige Bewegungen, Trinken, Essen oder das Schreiben von Textnachrichten vermeiden. Ihr Ziel sollte sein, dass die andere Person eine vollkommen ungestörte Erfahrung machen kann. Danke, dass Sie Ihren Partner beim Erlernen dieses wichtigen Prozesses unterstützen.

Stellen Sie vor Beginn sicher, dass Sie bequem an einem Ort sitzen, an dem Sie rund 30 Minuten lang nicht gestört werden. Am besten sitzen Sie bequem aufrecht, ohne sich zurückzulehnen oder den Kopf abzustützen. Schicken Sie Ihre Haustiere aus dem Raum und verbannen Sie das Smartphone gleich mit. Auch wenn das, was Sie tun werden, keine Anstrengung erfordert, ist es dennoch besser, unnötige Ablenkungen soweit wie möglich zu vermeiden. Finden Sie also ein ruhiges Plätzchen, machen Sie es sich bequem und befolgen Sie die einfachen Schritte der Eu-Gefühl-Technik.

Die Eu-Gefühl-Technik

- Schließen Sie Ihre Augen und lassen Sie Ihren Geist einfach nur umherschweifen. (15 Sekunden Pause)
- Werden Sie sich nun Ihrer Gedanken gewahr. Welche Gedanken auch immer das sind, nehmen Sie sie einfach nur wahr. Der Inhalt ist nicht wichtig.
- (15 Sekunden Pause)
- Beobachten Sie, wie Ihre Gedanken kommen und gehen, ganz so als würden Sie einen Film sehen. Sie beobachten, während Ihre Gedanken über die Leinwand Ihres Geistes flimmern. (15 Sekunden Pause)
- Denken ist wie Sprechen. Es ist nicht kontinuierlich. Es gibt kleine Pausen in Ihrem Denkprozess, Lücken zwischen Ihren Gedanken. Sie sind nicht sehr groß, also halten Sie einfach ganz entspannt Ausschau nach solchen kleinen Pausen zwischen den Gedanken. (30 Sekunden Pause)
- Betrachten Sie weiterhin Ihre Gedanken, und warten Sie auf den Zwischenraum; die kleine Lücke des Nichts zwischen den Gedanken. Wenn dieses Nichts sich zeigt, dann lassen Sie Ihr Gewahrsein einfach bei diesem Nichts verweilen. (30 Sekunden Pause)
- Das Nichts zwischen Ihren Gedanken ist nur von kurzer Dauer, und schon bald kommen sie wieder zurück. Das ist vollkommen in Ordnung. Beobachten Sie weiter und halten Sie Ausschau nach dem Nichts zwischen Ihren Gedanken. (15 Sekunden Pause)

- Was tun Sie, wenn Sie bemerken, dass Sie denken? Genau! Sie beobachten einfach diese Gedanken und warten auf das Nichts zwischen Ihnen. (15 Sekunden Pause)
- Sobald Gedanken auftauchen, beobachten Sie sie, bis sich die Lücke, das Nichts, zwischen ihnen auftut. Lassen Sie Ihr Gewahrsein bei diesem Nichts verweilen, bis wieder ein Gedanke erscheint. Wiederholen Sie dann diesen einfachen Ablauf, und beobachten Sie weiterhin Ihre Gedanken, bis sich das Nichts zeigt. Beobachten Sie dann einfach das Nichts, bis Sie bemerken, dass wieder Gedanken da sind. Sie sehen, es ist ganz einfach. Machen Sie noch ein Weilchen weiter. (45 Sekunden Pause)
- Sehr gut. Sie beobachten einfach, was sich zeigt, während Sie denken. Sie versuchen nicht, die Gedanken zu verbannen. Darum geht es nicht. Die Gedanken sind da und werden immer da sein. Sie versuchen auch nicht, an dem Nichts zwischen den Gedanken festzuhalten. Sie beobachten einfach nur Ihre Gedanken und warten auf das Nichts zwischen ihnen, und wiederholen kontinuierlich diesen Vorgang. Setzen Sie das noch ein wenig länger fort. (30 Sekunden Pause)
- Es gibt noch eine weitere Möglichkeit, des Nichts gewahr zu werden. Das können Sie gleich einmal ausprobieren. Beginnen Sie wieder damit, sich Ihrer Gedanken gewahr zu werden. Beobachten Sie einfach, wie sie durch Ihren Geist wandern. Blicken Sie nun über die Gedanken hinaus in das Nichts, das dort ist. (15 Sekunden Pause)
- Auch hier werden die Gedanken zurückkehren. Denken Sie daran: Wir versuchen nicht, die Gedanken wegzudrängen oder zu überwinden. Sie sind ein notwendiger Teil des Prozesses. Wenn Sie bemerken, dass Sie denken, dann blicken Sie ganz entspannt über die Gedanken hinaus ins

Nichts, das bereits da ist. Wiederholen Sie dies eine Weile. (45 Sekunden Pause)

- Es kann sein, dass Ihnen eine von den beiden Methoden besser liegt. Vielleicht fällt es Ihnen leichter, Ihre Gedanken zu beobachten und auf das Nichts zwischen ihnen zu warten oder aber über die Gedanken hinaus in das dort vorhandene Nichts zu schauen. Beides funktioniert gleich gut. Das Nichts bleibt das Nichts. Setzen Sie die Übung noch ein Weilchen fort und wählen Sie den Weg, der Ihnen am besten gefällt. Denken Sie dabei immer daran, dass Sie nur Beobachter sind. Greifen Sie nicht ein, sondern beobachten Sie nur. (90 Sekunden Pause)
- Sehr gut. Es fühlt sich gut an, wenn Sie auf leichte und mühelose Art des Nichts gewahr werden. Nehmen Sie nun dieses gute Gefühl ganz bewusst wahr. Es könnte ein Gefühl von Weite oder Leichtigkeit oder Frieden sein. Vielleicht empfinden Sie auch Zufriedenheit oder sogar Freude oder Glückseligkeit. Sie werden irgendeine Form von Wohlgefühl wahrnehmen. Werden Sie nun dieses guten Gefühls gewahr. (15 Sekunden Pause)
- Dieses gute Gefühl ist Ihr Eu-Gefühl. Werden Sie seiner erneut gewahr. Beobachten Sie nun Ihr Eu-Gefühl auf die gleiche Weise, in der Sie Ihre Gedanken beobachtet haben. (15 Sekunden Pause)
- Wenn Sie das Eu-Gefühl beobachten, werden Sie vielleicht feststellen, dass es sich verändert. Es kann sich verstärken oder ruhiger und schwächer werden. Auf welche Weise sich das Eu-Gefühl verändert, ist unwichtig. Beobachten Sie es einfach weiterhin ganz unbefangen. (90 Sekunden Pause)
- Das Eu-Gefühl kann sich auch auflösen oder zu einem anderen Eu-Gefühl werden. Zufriedenheit kann sich beispielsweise in ein Gefühl des Friedens verwandeln und

dann vielleicht in Freude. Auch hier gilt wieder: Es ist nicht wichtig, was mit dem Eu-Gefühl geschieht. Beobachten Sie es einfach aus der Ferne objektiv, wie ein nicht involvierter Betrachter. (45 Sekunden Pause)

- Sie werden feststellen, dass Sie kurz nach dem Beobachten des Eu-Gefühls wieder beginnen, weitere Gedanken zu haben. Sie wissen ja bereits, was hier zu tun ist. Wenn Sie bemerken, dass Sie denken, dann lassen Sie Ihr Gewahrsein ganz einfach zum Eu-Gefühl zurückkehren. Fahren Sie nun damit fort, das Eu-Gefühl zu beobachten. (30 Sekunden Pause)
- Sie machen das sehr gut. Werden Sie nun wieder des Eu-Gefühls gewahr, des guten Gefühls, das Sie haben. (5 Sekunden Pause)
- Nehmen Sie nun Ihren gesamten Körper wahr. (5 Sekunden Pause)
- Werden Sie gleichzeitig Ihres gesamten Körpers und des Eu-Gefühls gewahr. (5 Sekunden Pause)
- Nehmen Sie Ihr linkes Knie und das Eu-Gefühl wahr. (5 Sekunden Pause)
- Werden Sie Ihres rechten Arms und des Eu-Gefühls gewahr. (5 Sekunden Pause)
- Werden Sie Ihres Brustbereichs und des Eu-Gefühls gewahr. (5 Sekunden Pause)
- Werden Sie Ihres gesamten Rückens und des Eu-Gefühls gewahr. (5 Sekunden Pause)
- Werden Sie Ihres gesamten Körpers und des Eu-Gefühls gewahr. (5 Sekunden Pause)
- Lassen Sie sich nun einen Moment Zeit, und öffnen Sie dann langsam die Augen. (10–15 Sekunden Pause)
- Öffnen Sie nun langsam die Augen und blicken Sie auf einen vor Ihnen liegenden Gegenstand und werden Sie des Eu-Gefühls gewahr. (10 Sekunden Pause)

- Richten Sie Ihren Blick auf einen anderen Gegenstand, und werden Sie des Eu-Gefühls gewahr. (10 Sekunden Pause)
- Werden Sie Ihres rechten Fußes und des Eu-Gefühls gewahr. (10 Sekunden Pause)
- Werden Sie Ihres gesamten Körpers und des Eu-Gefühls gewahr. (10 Sekunden Pause)
- Schließen Sie nun wieder die Augen und werden Sie Ihres gesamten Körpers und des Eu-Gefühls gewahr. (10 Sekunden Pause)
- Werden Sie Ihrer linken Schulter und des Eu-Gefühls gewahr. (10 Sekunden Pause)
- Stellen Sie sich vor Ihrem geistigen Auge eine Blume vor und werden Sie des Eu-Gefühls gewahr. (10 Sekunden Pause)
- Als nächstes ein Bild von einem Baum und das Eu-Gefühl. (10 Sekunden Pause)
- Den Himmel und das Eu-Gefühl. (10 Sekunden Pause)
- Ein Haus und das Eu-Gefühl. (10 Sekunden Pause)
- Eine Person und das Eu-Gefühl. (10 Sekunden Pause)
- Ihren gesamten Körper und das Eu-Gefühl. (10 Sekunden Pause)
- Öffnen Sie erneut langsam Ihre Augen, suchen Sie sich einen Gegenstand, der sich vor Ihnen befindet, und werden Sie des Eu-Gefühls gewahr. (10 Sekunden Pause)
- Blicken Sie auf einen anderen Gegenstand, und werden Sie des Eu-Gefühls gewahr. (10 Sekunden Pause)
- Stehen Sie nun langsam auf. Werden Sie im Stehen des Eu-Gefühls gewahr. (10 Sekunden Pause)
- Berühren Sie mit Ihrer Hand einen Gegenstand oder eine Stelle an Ihrem Körper, und werden Sie des Eu-Gefühls gewahr. (10 Sekunden Pause)

- Berühren Sie eine Stelle an Ihrem Körper, und werden Sie des Eu-Gefühls gewahr (10 Sekunden Pause)
- Atmen Sie tief ein und aus, und werden Sie des Eu-Gefühls gewahr. (10 Sekunden Pause)
- Bewegen Sie sich nun locker im Raum. Schauen Sie auf Gegenstände und berühren Sie sie. Lauschen Sie den Geräuschen im Raum und werden Sie bei allem, was Sie tun, immer wieder für 5–10 Sekunden des Eu-Gefühls gewahr.
- Spüren Sie, wie Ihr Fuß den Boden berührt, und werden Sie des Eu-Gefühls gewahr. (10 Sekunden Pause)
- Berühren Sie etwas, und werden Sie des Eu-Gefühls gewahr. (10 Sekunden Pause)
- Betrachten Sie etwas, und werden Sie des Eu-Gefühls gewahr. (10 Sekunden Pause)
- Halten Sie inne, lauschen Sie den Geräuschen im Raum, und werden Sie des Eu-Gefühls gewahr. (10 Sekunden Pause)
- Kehren Sie zu Ihrem Sitzplatz zurück, und werden Sie mühelos des Eu-Gefühls gewahr. (20 Sekunden Pause)
- Sitzen Sie entspannt und bequem, atmen Sie tief ein und aus, und werden Sie des Eu-Gefühls in Ihrem gesamten Körper gewahr. (10 Sekunden Pause)
- Sehr gut – ich bin stolz auf Sie! Das war's auch schon. Wie Sie sehen, ist es ganz einfach.

Sie können nun des Nichts (oder des reinen Eu-Gefühls) und des sich äußernden Eu-Gefühls gewahr werden, wann immer Sie mögen. Ich schlage vor, dass Sie sich die Anleitung zur Eu-Gefühl-Technik in den nächsten Tagen täglich anhören. So wächst nicht nur Ihre Wertschätzung für das Eu-Gefühl, sondern das tägliche Anhören hat auch den Vorteil, dass Missverständnisse, die womöglich beim ersten Hören aufgetreten sind, ausgeräumt werden. Mit ein wenig Übung werden Sie das Eu-Gefühl selbst mit offenen Augen und beim Erledigen von alltäglichen Dingen wahrnehmen. Vor allem aber werden Sie nun bereit sein, Awefeeling zu erlernen – das Tor zu mehr emotionaler Erfüllung, physischer Freiheit, zu lebendigen sozialen Kontakten und, was vielleicht am wichtigsten ist, einem allumfassenden Gewahrsein höchster spiritueller Einsichten. Das Tor zur Freude.

ANHANG 2

WARUM DAS MATERIELLE NICHT SO WICHTIG IST

Der überwiegende Teil unserer täglichen Existenz erfordert, dass wir uns auf physischer Ebene mit Materiellem auseinandersetzen. Gehen, Essen, Sprechen, Sitzen – all das erfordert physische Interaktion. Im Grunde sind wir jedoch wesentlich mehr als physische Wesen, die in einer von Dingen und vom Denken beherrschten Welt umherirren. Das Kleine Ich oder Ego zieht die Strippen, oder zumindest glaubt es das. Aber je stärker Sie die Kräfte hinter der Welt des Materiellen wahrnehmen, umso leichter können Sie erkennen, dass die universelle Ordnung die Dinge gut im Griff hat und Sie die Einzelheiten getrost ihr überlassen und stattdessen in die Fülle gehen können. Sie hören auf eine ganz bestimmte Weise auf, sich zu bemühen, oder, wie die Beatles es ausdrückten: „Turn off your mind, relax and float downstream. It is not dying." (Hör auf zu denken, entspann Dich und lass Dich stromabwärts treiben. Du wirst nicht sterben.) Da Sie ja gut aufgepasst haben, wissen Sie sicher, dass Sie genau das tun, wenn Sie Awefeeling anwenden. Aber was bedeutet das? Und wie funktioniert es? Ich habe mir gedacht, es wäre spannend, einen Blick hinter den Vorhang zu werfen und zu schauen, welche verborgenen Schätze dort auf uns warten und in welcher Weise sie die alltägliche Welt beeinflussen, in der wir leben.

Beginnen wir einmal mit den Grundlagen. Wir haben eine physische Existenz – eine Form, die wir Körper nennen. Unser Körper ermöglicht uns die Bewegung durch die physische Welt. Zusätzlich verfügen wir über ein mentales Sein, das wir als Geist oder Verstand bezeichnen. Unser Körper trägt unseren Geist durch die Gegend, sodass wir unser Umfeld erkunden, es kennenlernen und in ihm überleben können. Und dann haben wir noch unsere Sinne, die unseren Verstand mit unserem Körper und der Umgebung verbinden. Unsere Sinne agieren in einer unsichtbaren Welt jenseits des Physischen – und genau in diese Welt möchte ich Sie jetzt gerne mitnehmen, um ein wenig Licht auf sie zu werfen und ihren Wert zu verdeutlichen.

Wir beginnen mit Erfahrungen, die wir alle in irgendeiner Form kennen und gemeinsam haben, wie beispielsweise Pizza. Pizza ist unbestreitbar etwas Wunderbares, und ich liebe Pizza. Aber ich möchte nicht abschweifen.

Wenn wir eine Pizza riechen, die frisch aus dem Ofen kommt, werden unsere Geruchsnerven durch die Pizzamoleküle stimuliert. Blicken wir auf einen Stuhl, wird das Bild dieses Stuhls durch subatomare Teilchen oder Photonen auf unsere Netzhaut übertragen. Die Schallwellen, die das Bellen eines Hundes erzeugt, werden über die Luft transportiert und treffen dann auf unser Trommelfell. Wir bewegen uns in einem Meer verborgener Kräfte, die uns nach ihrem Gutdünken in unterschiedliche Richtungen ziehen. Es ist wichtig zu wissen, dass wir auf Sinnesreize reagieren. Erinnern Sie sich noch an unser Beispiel mit dem verletzten Hund? Wir haben über die unmittelbare Wirkung gesprochen, die unsere Sinne auf uns haben. Ähnlich dem Öffnen eines Vorhangs an einem sonnigen Morgen, öffnen unsere Sinne unsere Wahrnehmungsfenster, und wir werden wach für die Außenwelt.

Mittlerweile wird das Praktizieren von Awefeeling spürbare positive Auswirkungen auf Sie haben, seien sie nun physischer, mentaler, emotionaler, sozialer oder spiritueller Natur. Zumindest werden Sie wahrscheinlich zuweilen eine größere Leichtigkeit spüren, eine Ahnung, dass mehr an Ihnen dran ist, als Sie vielleicht bislang dachten. Die durch Awefeeling erzeugten Wohltaten zeigen sich nach dem Öffnen Ihrer „Wahrnehmungstore" für Welten, die über das Physische und sogar das Mentale hinausgehen. Ich möchte mir gerne gemeinsam mit Ihnen anschauen, wie allumfassend das Awefeeling ist und warum Sie von einer so einfachen Verlagerung Ihrer Wahrnehmung so extrem profitieren können. Das Leitprinzip ist Folgendes: Je stärker Sie Ihre Wahrnehmung öffnen, umso mehr Energie und Ordnung speichern Sie. Mehr Energie und Ordnung bedeuten schnellere und tiefergreifende Heilung und ein stärkeres Empfinden von Dankbarkeit, Freude und Glück. Sie wissen bereits, wie Sie dorthin gelangen – über das Awefeeling. Möchten Sie auch wissen, warum dies so ist? Dann lesen Sie einfach weiter.

Wir beginnen mit dem, was wir bereits kennen. Ich denke, wir alle wissen, was ein Stuhl ist, oder? Wahrscheinlich sitzen Sie gerade auf einem. Ist Ihr Stuhl fest und solide? Fühlt sich doch so an, oder? Die Physiker allerdings sagen: „Nicht wirklich." Sie erzählen uns, dass der Stuhl wie alle Materie größtenteils aus Raum besteht und nur auf unsere Sinne einen soliden Eindruck macht. Er sieht fest aus und fühlt sich auch so an. Es ist ein wenig so wie bei einem Ventilator, bei dem die sich rasch drehenden Rotorblätter wie eine durchgängige Scheibe erscheinen können, obwohl sich Raum zwischen ihnen befindet. Mit Ihrem Stuhl verhält es sich ganz genauso. Er erscheint fest und solide, ist es aber nicht.

Nichtsdestotrotz hält der Stuhl Ihr Hinterteil quasi in der Luft. Sie wissen, dass der Stuhl Energie hat, weil Ihr Hinterteil auf ihm ruht und nicht auf dem Boden. Das ist ganz schön erstaunlich, wenn Sie einmal darüber nachdenken. Der Stuhl besteht größtenteils aus leerem Raum, und trotzdem hält er Sie.

Wo wir schon dabei sind: Ihr Hinterteil besteht übrigens auch größtenteils aus Raum. Zum Glück befinden sich die leeren Räume in Ihrem Hinterteil und im Stuhl nicht an der gleichen Stelle, sonst wäre der Stuhl nämlich nutzlos – sie würden hindurchrutschen und auf dem Fußboden landen. Ein cooler Trick, wenn Sie ihn beherrschten. Stellen Sie sich vor, wenn Sie Ihre leeren Räume an andere angleichen könnten, wäre es kein Problem, durch Wände zu gehen, bei Regen spazieren zu gehen, ohne nass zu werden, und an heißen Sommertagen kühle Luft durch sich hindurch wehen zu lassen. Aber ich schweife schon wieder ab.

Das folgende Modell erklärt das bisher Besprochene ein wenig genauer.

Wir wissen Folgendes: Ihr Stuhl erscheint dem Sehen und Berühren nach fest und solide. Zwischen den einzelnen Molekülen existiert mehr leerer Raum als im Stuhl, der aus ihnen besteht. Zwischen Atomen besteht mehr leerer Raum als zwischen Molekülen und zwischen subatomaren Teilchen mehr Raum als zwischen Atomen. Subatomare Teilchen wiederum bestehen aus Wellen, die so viel leeren Raum aufweisen, dass sie nahezu nicht vorhanden sind.

Im Grunde genommen sind leerer Raum und Nichts das Gleiche. Raum enthält nichts und das Nichts nehmen wir als Raum wahr. Um Verwirrung zu vermeiden, setzen wir hier Raum und Nichts gleich. Wenn die Wissenschaft

MODELL DER MATERIE

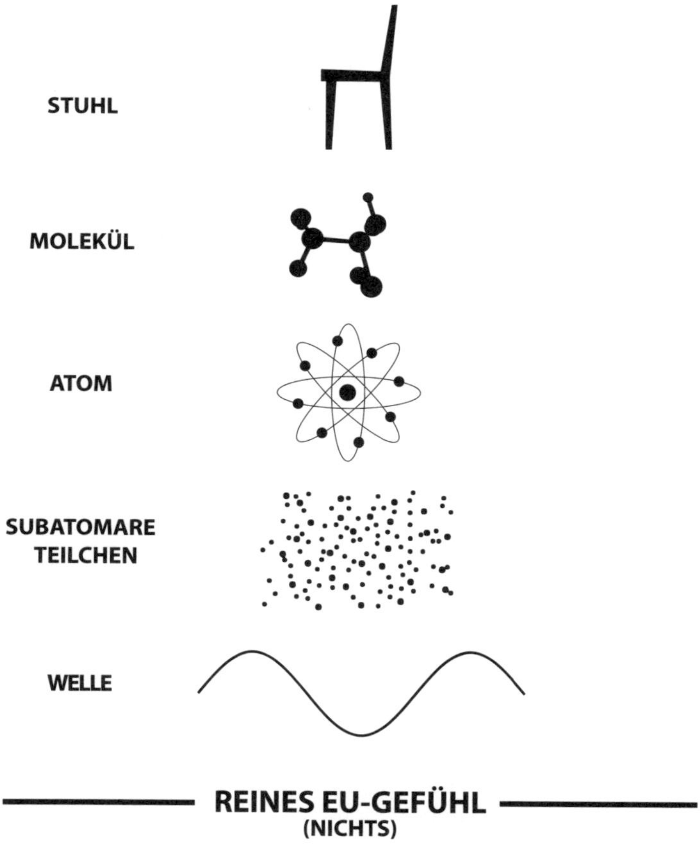

uns nun also sagt, dass unser Stuhl größtenteils aus Raum besteht, dann sagt sie damit, dass er größtenteils aus Nichts besteht. Sie kennen das reine Eu-Gefühl bereits als das Nichts zwischen den und jenseits der Gedanken. Es ist auch die Lücke, der *Raum* zwischen den und jenseits der Gedanken.

Blicken wir nun noch einmal auf Abbildung 2. Sehen Sie die Zeile ganz unten, in der „Reines Eu-Gefühl" steht? Wenn das Gebilde, das Sie als Ihren Stuhl bezeichnen, über die Wellenstruktur hinausgeht, dann wird es zu reinem Eu-Gefühl, dem absoluten Nichts, reinem Raum. Das reine Eu-Gefühl ist speziell, es ist einzigartig. Es verfügt über keine Form, enthält aber alle Elemente der gesamten Schöpfung. Es ist ein wenig wie ein Samen, der alle Bestandteile des Baumes wie Stamm, Zweige, Blätter und Früchte bereits in sich trägt, die aber noch in ihm schlummern.

In der Quantenphysik nennt man diesen Zustand des reinen Nichts das Quantenvakuum. Es wird als „das Nichts, aus dem alles entsteht" definiert. Für unsere Zwecke können wir das reine Eu-Gefühl dem Quantenvakuum gleichsetzen, also dem Nichts, aus dem alles entsteht.

Es erscheint nahezu magisch, dass etwas Greifbares wie Ihr Stuhl aus dem Nichts kommen soll, und vielleicht fragen Sie sich, wie das sein kann. Ich frage mich das auch – und nicht nur ich, sondern auch Wissenschaftler, spirituelle Meister und alle anderen, die sich einen Moment Zeit nehmen, um darüber nachzudenken. Mein Tipp lautet: Sparen Sie sich die Mühe. Der Verstand kann dieses Mysterium nicht erfassen, und genau das ist der Punkt. Wenn wir intellektuell verstehen wollen, wie es sein kann, dass aus Nichts Etwas wird oder ein Etwas aus Nichts besteht, dann werden wir scheitern. Die Gedanken stoppen, der Geist steht still. Und dann erblüht in dieser perfekten Stille die Ehrfurcht in voller Pracht. Wie wundervoll! Fassen wir es noch einmal zusammen. Das reine Eu-Gefühl ist das Nichts, Quelle von allem und Baumeister der Ehrfurcht. Sie nehmen das reine Eu-Gefühl als solitäres Selbst wahr, als das „Ich bin", den Beobachter des Beobachters.

Sie können des reinen Eu-Gefühls gewahr sein, aber Sie können es weder besitzen noch benutzen oder in irgendeiner Form kontrollieren. Die Isha-Upanishad, ein 5000 Jahre alter hinduistischer Text, beschreibt das, was das Eu-Gefühl ist, folgendermaßen: „Es ist schneller als die Schnellsten, langsamer als die Langsamsten, größer als die Größten, kleiner als die Kleinsten, näher als die Nächsten und ferner als die Fernsten. Es ist innerhalb von all dem und außerhalb davon." Ich denke, Sie verstehen, was gemeint ist. Das reine Eu-Gefühl ist unbeschreiblich. Während Sie diese Worte nur lesen, sind Sie vielleicht ein wenig frustriert, weil all dies auf so lächerliche Weise gegensätzlich zu sein scheint. Betrachtet man es aber im Gewahrsein des reinen Eu-Gefühls, ist es erleuchtend.

Wenn Sie Awefeeling anwenden, betreten Sie unabhängig davon, welcher Person oder welches Gegenstands Sie dabei gewahr sind, das Reich des „in diesem allen und außerhalb von diesem allen". Ihr Verstand kann es nicht erklären. „Wie kann ich an Ort und Zeit, Körper und Verstand gebunden sein und zugleich frei von jeglicher Einschränkung?" In Ihrem tiefsten Inneren wissen Sie, dass es so ist und dass es sich weder erklären lässt noch erklärt werden muss. Das ist gleichzeitig, wie Awefeeling funktioniert, und was es so großartig macht – die ultimative Freiheit.

Ich denke, Ihnen wird gefallen, was als Nächstes kommt. Wir werden erfahren, wie wir während unserer Awefeeling-Sitzungen Energie erzeugen können. Gerade erst haben wir Ihren Stuhl auseinandergenommen, bis nichts mehr davon übrig war. Jetzt schauen wir aus der Perspektive des Erschaffens von Energie darauf und sehen, was wir lernen können.

Dazu kehren wir zum elementarsten und feinsten Ausdruck der Schöpfung zurück, der Welle. Jeder Gedanke und jedes Ding beginnt als das, was in der Physik als Wellenfunktion bezeichnet wird. Es ist die ursprüngliche Welle, die sich in alle Richtungen unendlich ausdehnt. Diese ersten Wellen entsprechen dem sich äußernden Eu-Gefühl, beispielsweise in Form von Frieden, Fülle, Freude, Zufriedenheit und Ähnlichem. Denken Sie an die Oberfläche eines ruhigen, stillen Sees. Das Wasser ist überall im See, ruhig und unbeweglich. Nun beginnt eine leichte Brise, das Wasser in sanften Wellen zu bewegen. Aus reglosem Wasser werden kleine Wellen. Auf die gleiche Weise wird aus reinem Eu-Gefühl das sich äußernde Eu-Gefühl. Hier ist eine Welle des Friedens, da drüben eine der Dankbarkeit und genau vor uns befindet sich eine der Freude. Wenn der Wind sich wieder legt, wird das sich äußernde Eu-Gefühl wieder zum unbewegten, reinen Eu-Gefühl. Diese Erklärung ist zugegebenermaßen stark vereinfacht, aber durchaus korrekt. Sie zeigt uns bildlich, wie aus dem Nichts das erste Etwas entsteht, die Welle.

Stehen Sie doch bitte einmal auf, drehen Sie sich um und betrachten Sie Ihren Stuhl. Bewegt er sich? Wahrscheinlich nicht. Zumindest scheint er stillzustehen. In Wahrheit ist Ihr Stuhl voller Energie, und zwar auf den feinstofflichen Ebenen jenseits Ihrer Sinneswahrnehmungen. Wenn Sie auf ihm sitzen, demonstriert der Stuhl diese Form der Energie, indem er Sie hält. Und jetzt wird es interessant. Wenn Sie die molekulare Ebene des Stuhls manipulieren könnten, wären Sie in der Lage, viel mehr Energie zu erzeugen, oder? Lassen Sie mich das näher erklären.

Das Sitzen auf Ihrem physischen Stuhl zeigt, dass genügend Energie vorhanden ist, um Sie zu halten. Wären Sie nun in der Lage, die Moleküle neu anzuordnen, sagen wir einmal durch Verbrennen, könnten Sie ein Mehr an

Energie in Form von Licht und Wärme aus dem Stuhl gewinnen, richtig? Auch wenn Sie wahrscheinlich über alles Notwendige verfügen, um Ihren Stuhl auf der Stelle in Flammen aufgehen zu lassen, probieren Sie es nicht aus, sondern glauben mir einfach so. Auf molekularer Ebene wird bei der Verbrennung mehr Energie freigesetzt, weil die Verbindungen zwischen den Molekülen beim Zerbrechen mehr Energie freigeben, als wenn sie statisch zusammenhalten.

Wie aber sieht es mit der nächsten Ebene der Schöpfung aus, den Atomen? Ich denke, es steht außer Frage, dass Sie große Energiemengen freisetzen könnten, wenn Sie wüssten, wie man die Atome spaltet, die für die Festigkeit Ihres Stuhls sorgen. Sollten Sie rein zufällig über die Technik dazu verfügen, müssen Sie auch hier nicht aktiv werden. Atompilze, die das Sonnenlicht verdecken, kommen bei den Nachbarn meist nicht so gut an. Wir können also davon ausgehen, dass in jeder nachfolgenden Schöpfungsebene bis hinunter zu subatomaren Teilchen und Wellen immer größere Mengen an Energie zur Verfügung stehen. Wir sind derzeit noch nicht in der Lage, die Energie der subatomaren und Wellenebenen zu nutzen. Aber bis zu einem gewissen Grad wissen Sie ja bereits, wie Sie dies für sich selbst erreichen können – indem Sie Zeit im Awefeeling verbringen.

Wenn Sie sich mit Ihrer Wahrnehmung auf Menschen, Autos und Ihren Kontoauszug konzentrieren, dann wenden Sie mehr Energie auf und erhalten weniger Ergebnisse. Bewusste, gut gebildete Gedanken sind wie Ihr Stuhl. Sie sind stärker strukturiert und produzieren daher weniger Energie. Wenn sich Ihr Gewahrsein bis zur Unendlichkeit ausdehnt, werden Sie mit mehr Energie und Ordnung belohnt. Die größte Erkenntnis wartet allerdings in dem Moment, wenn Sie des Nichts gewahr sind, während Sie sich gleichzeitig in der äußeren Welt von Menschen und Autos und Kontoauszügen bewegen.

Sind wir uns soweit einig? Scheinbar feste Dinge sind gar nicht so fest. Letztendlich bestehen sie aus Wellen, und Wellen kommen aus dem Nichts. Jede abstraktere Ebene der Schöpfung besitzt mehr Raum beziehungsweise mehr Nichts. Mehr Raum bedeutet, dass Dinge schneller und weiter in Bewegung kommen, was wiederum bedeutet, dass sie über mehr Energie verfügen. Die grundlegende Welle bewegt sich so schnell, dass sie überall zugleich ist. Werfen wir nun einen näheren Blick darauf, auf welche einfache und bemerkenswerte Weise Awefeeling seine wunderbare Wirkung entfalten kann. Dazu begeben wir uns zunächst auf die unterste Ebene und werfen einen näheren Blick auf die am schwersten fassbare erschaffene Form, die Welle.

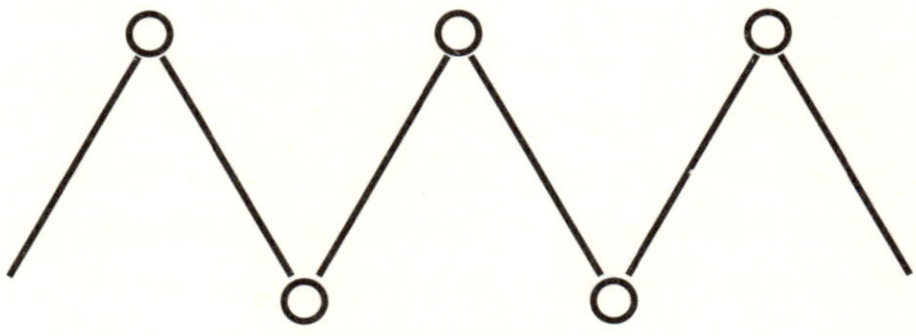

Die Welle

In der obigen Abbildung sehen Sie eine einfache Sinuswelle. Hier steht sie für die erste und grundlegendste Form, die es gibt, die erste Schöpfung. Modelle haben immer ihre Begrenzungen, aber ihre Zweckmäßigkeit erlaubt uns auch, über diese Begrenzungen hinauszuschauen. Die Hoch- und Tiefpunkte der Welle, die durch die Kreise markiert werden, sind die Punkte, an denen die Welle aufhört, nach oben zu gehen, aber auch ihren Abstieg noch nicht begonnen hat. Sie bewegt sich also weder nach oben noch nach unten. Erinnern Sie sich noch, wie Sie als Kind beim Schaukeln versucht haben, so hoch wie möglich zu kommen? Da gab es immer einen Punkt ganz oben, als Sie am höchsten Punkt der Bewegung angelangt waren, aber noch nicht begonnen hatten, wieder nach unten zu fallen. Für einen kurzen Augenblick hingen Sie bewegungslos in der Luft. Erinnern Sie sich noch an das Kitzeln im Bauch in diesem nahezu schwerelosen Moment? Und an die Freude und Begeisterung, die Sie in diesem Moment der Freiheit empfunden haben? Ich will nicht behaupten, dass es der Welle genauso ergeht, wie Ihnen auf der Schaukel, aber wäre es nicht toll, wenn es so wäre? Egal – der wichtige Punkt ist, dass die Welle genauso wie Sie auf der Schaukel einen Moment erreicht, in dem es weder nach oben noch nach unten geht. Sie hält einfach an und es kommt zum totalen Stillstand. Klingt irgendwie vertraut, oder?

Da die Welle ein Urbaustein des Universums ist, hört sie auf zu existieren, wenn sie anhält. Und das bedeutet, dass es jenseits der Welle nur das Nichts gibt. Wenn Sie oder Ihr Stuhl bewegungslos sind, dann ist das ein Stillstand der Bewegung in Relation zu anderen Dingen im Raum. Sie sitzen vielleicht still auf Ihrem Stuhl, aber dies nur in Relation zum Fußboden. Sie bewegen sich immer noch um die Erde, denn die Erde bewegt sich durch den Weltraum. Ihre gesamte Person ist in einer ständigen Bewegung. Ihr Herz schlägt, das Blut fließt, die Gedanken kreisen in Ihrem Hirn. Ganz zu schweigen von all den Molekülen, Atomen, subatomaren Teilchen und Wellen, die alle ihren Teil dazu beitragen, dass Sie eine funktionierende Einheit bilden. Absolute Ruhe tritt nur dann ein, wenn die Bewegung Ihrer Welle einen Hoch- oder Tiefpunkt erreicht und für einen Moment innehält.

In diesem Moment agiert unsere grundlegende Welle wie ein Pendel. Es schwingt nach oben, erreicht einen Moment der absoluten Bewegungslosigkeit und schwingt dann wieder abwärts. Der Wissenschaftler und Erfinder Itzhak Bentov beschreibt in seinem Buch *Stalking the Wild Pendulum,* wie es dem Pendel oder der Welle an einem Punkt der Nullbewegung ergeht: „Wenn das Pendel stoppt, kann es praktisch überall sein, selbst am Ende des Universums ... das Pendel muss mit unendlicher Geschwindigkeit in alle Richtungen verschwinden."

Was bedeutet das? Nachdem die Welle stoppt und sich bis in die Unendlichkeit ausdehnt, zieht sie sich wieder in eine Form zusammen und setzt ihren Weg fort. Indem sie an ihren Nullpunkt gelangt (ein anderer Name für das Nichts des Quantenvakuums) und dann wieder in eine Form zurückfällt, sammelt die Welle Energie für ihre weitere Bewegung. Diese Energie zieht sie aus dem Nichts, und zwar in dem Moment, in dem sie sich bis in die Unendlichkeit ausdehnt. Dann setzt sie ihren Weg fort. Für unsere Welle geht es aufwärts, aufwärts, aufwärts, dann hält sie an und löst sich im Nichts des Nullpunkts auf, speichert dort sofort Energie und fällt dann für ihre Reise abwärts wieder in ihre Form. Ganz schön erstaunlich, oder? Aber jenseits des Erstaunlichen, warum interessiert uns das Spiel der Welle mit der Unendlichkeit überhaupt? Schön, dass Sie gefragt haben.

Wenn Sie Awefeeling erfahren, dann sind Sie wie diese Welle. Meinem Gefühl nach – und ich bin mir sicher, Herr Bentov würde mir da zustimmen – stoppt, sobald Sie des Nichts gewahr werden, alles inklusive Ihrer selbst für einen Moment. Es ist so, als würden alle Elemente, die Sie ausmachen, Körper, Geist, Moleküle, Atome, Teilchen und die ursprüngliche Welle, einen Augenblick innehalten. Sie sind in Stille verbunden, dehnen sich unendlich aus, reorganisieren, harmonisieren und revitalisieren sich und kehren dann mit frischer Energie zu der Person zurück, die Sie sind. Das sind der geniale Nutzen und die Freude, die das Awefeeling Ihnen schenkt.

Awefeeling ist die Vereinigung von Eu-Gefühl und Ehrfurcht, und es ist unwichtig, ob es für eine Millisekunde oder für Millionen Sekunden andauert. Das Unendliche ist zeitlos. Aus diesem Grund ist Awefeeling so energetisierend und heilend. Genau wie unsere Welle halten Sie an, erweitern sich bis in die Unendlichkeit und erfahren die tiefst mögliche Erholung, um dann Ihre Reise ausgeglichener, effizienter, liebevoller und dankbarer fortzusetzen. Großartig, oder?

Die wichtigsten Punkte aus diesem Kapitel

- Je weiter Ihre Wahrnehmung, umso mehr Energie und Ordnung haben Sie.
- Alle Dinge bestehen größtenteils aus Raum.
- Wenn die Welle aufhört, sich zu bewegen, dann dehnt sie sich bis in die Unendlichkeit aus.
- Durch die Ausdehnung bis zur Unendlichkeit entsteht Energie.
- Wenn Sie Awefeeling erfahren, dehnen Sie sich wie die Welle bis in die Unendlichkeit aus und gewinnen an Energie.

ANHANG 3

DYNAMIK

Bei der Dynamik, wie ich sie in diesem Kontext verwende, geht es um die Dynamik der Gesundheit. Wir wissen, dass wir unsere Lebensqualität durch Awefeeling steigern können. Aber geht das auch in einem solchen Maße, dass wir unsere Lebenszeit verlängern können? Ich glaube, dass dies möglich ist, und ich möchte es anhand der folgenden Theorie belegen. Schauen wir doch einmal, was Sie davon halten.

Mein erster Punkt ist die Gesundheit in Bezug auf das Alter. Das Verhältnis zwischen Gesundheit und Alter ist ein Gradmesser für Ihre strukturellen und funktionalen Fähigkeiten über den Lauf Ihres Lebens. Was genau bedeutet das? Ich werde es Ihnen gleich erklären.

Ihre strukturellen und funktionalen Parameter, die für mich Gesundheit ausmachen, zeigen auf, wie schnell oder langsam Sie wachsen, in welchem Alter Ihre körperlichen und kognitiven Fähigkeiten ihren Höhepunkt erreichen und mit welcher Geschwindigkeit diese im Laufe Ihres Lebens abnehmen. Mir ist klar, dass Sie nicht unbedingt scharf darauf sind, sich über das Nachlassen Ihrer körperlichen und geistigen Fähigkeiten Gedanken zu machen, aber warten Sie es ab – es gibt gute Neuigkeiten!

Wie Ihnen sicherlich bewusst ist, nimmt die Gesundheit mit dem Alter ab. Altern beeinträchtigt die meisten unserer körperlichen Fähigkeiten und die Funktionsweise unseres Gehirns. Neben einer Schwächung von Herz und

Blutgefäßen, dem Abbau von Muskeln und Knochen, der geringeren Leistung innerer Organe sowie dem Nachlassen der Sinneswahrnehmungen wie Sehen, Hören, Fühlen, Riechen und Schmecken lassen auch Gedächtnis und kognitive Fähigkeiten nach.

Alles Lebendige ist einem Alterungsprozess unterworfen. Wenn wir geboren werden, lädt die Welt uns ein, ein strahlender Stern zu sein, eine große, leuchtende Sonne. Während der ersten Phase unseres Lebens erweitern wir unseren Einflussbereich stetig und stürzen uns mit ungebremstem Enthusiasmus und voller Freude in die Welt. In den ersten rund zehn Jahren erreicht die Dynamik zwischen unserem Alter und unserer Gesundheit schwindelerregende Höhen. Dann hält sie sich etwa bis zur Mitte unserer Dreißiger auf diesem Niveau. Danach allerdings macht sich unsere wertvolle Gesundheit langsam, still und leise aus dem Staub, fast höflich, als müsse sie dringend noch woanders hin. Zuerst schleicht sie sich nahezu unmerklich davon, so als wolle sie uns nicht beunruhigen. Aber im Laufe der Zeit lässt sie uns mit immer größeren Schritten zurück. Ohne Gesundheit wird unsere Ausstrahlung, die einmal kühn und ausgelassen war, gedämpft, weniger offen und schließlich schwach. Wenn es gut läuft, leuchtet unser Innenleben immer noch hell, bis wir schließlich den Endpunkt erreicht haben.

Das erinnert mich an ein Spielzeug, das ich als Kind besaß. Es bestand aus einem Fallschirmspringer, einem hölzernen Stab und einem Gummiband. An den Schultern des grünen Plastikfallschirmspringers war ein kleiner Plastikfallschirm befestigt, an seinen Armeestiefeln ein kleiner Haken. Um das Ganze in Bewegung zu setzen, faltete ich den Fallschirm mehrere Male, schob das Gummiband in den Haken an den Stiefeln, richtete den Stab gen

Himmel, spannte das Band so weit wie möglich und ließ den kleinen grünen Mann mit einem lauten „Hurra" nach oben schießen. Immerzu höher und höher flog mein Fallschirmspringer, der sicherlich froh war, endlich seine Bestimmung leben zu dürfen. Irgendwann, bei der erstaunlichen Höhe von vielleicht vier bis fünf Metern angelangt, entfaltete sich der Fallschirm. Der kleine grüne Fallschirmspringer, dessen Füße zunächst in die Luft gezeigt hatten, wurde unsanft umgedreht und trat seine allzu kurze Reise Richtung Boden an. Mit steif ausgestreckten Beinen traf er auf die Erde, fiel um und wurde kurzerhand durch den Fallschirm über den Boden geschleift, bis ich ihn schnappte und für sein nächstes Abenteuer bereit machte. Ich hatte immer das Gefühl, der Fallschirm hätte größer sein und aus Seide bestehen sollen, aber was weiß ein Kind schon von Materialkosten und Profiten. Wie dem auch sei, ich schwelge hier nicht einfach nur in Erinnerungen, sondern teile diesen Einblick in meine Kindheit aus gutem Grund mit Ihnen.

Wenn ich das Gummiband losließ, schoss der Fallschirmspringer nahezu senkrecht nach oben, zumindest die ersten vier bis fünf Meter lang. Es scheint immer eine leichte Brise vorhanden gewesen zu sein, die seine Flugbahn ein wenig von der absoluten Senkrechten abweichen ließ. Nach Öffnen des Fallschirms und getrieben vom Wind schwebte er ein wenig, fiel aber größtenteils einfach senkrecht herunter. Seine Flugbahn sah in etwa wie ein auf dem Kopf stehendes „U" mit einem gestreckteren Schenkel aus. Damit Sie verstehen, was ich meine, habe ich es kurz aufgezeichnet.

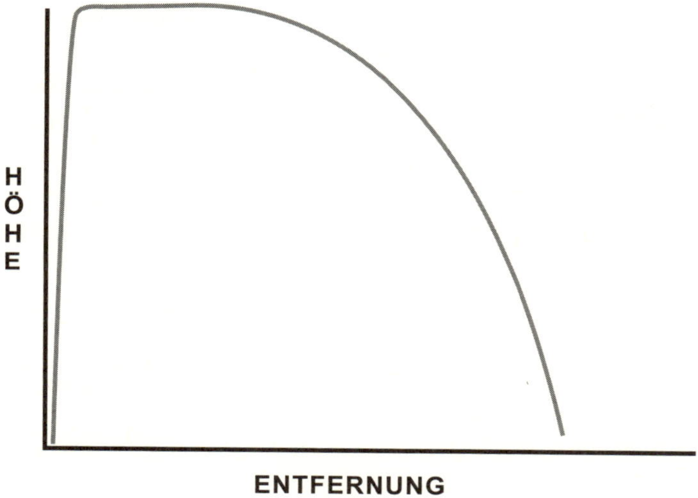

Flugbahn des grünen Fallschirmspringers

Vielleicht fragen Sie sich jetzt, was das nun wieder zu bedeuten hat? Nun, wie sich herausgestellt hat, beschreibt diese Kurve, die den Flug des kleinen grünen Fallschirmspringers nachvollzieht, so ziemlich genau das Verhältnis zwischen Alter und Gesundheit im Verlauf eines Menschenlebens. Lassen Sie mich das näher erläutern.

Die Flugbahn meines Fallschirmspringers begann vertikal, mit großer Geschwindigkeit und Dynamik. Als die Schwerkraft und andere Kräfte zu greifen begannen, verlangsamte sich sein Anstieg zunächst, bevor er wieder zur Erde zu fallen begann. Als der Wind seinen Fallschirm erfasste, trieb er ein wenig ab und landete schließlich in einiger Entfernung von dem Ort, an dem sein großes Abenteuer begonnen hatte. An diesem Punkt jauchzte ich meist vor Freude über die gelungene Mission, wohingegen mein kleiner Fallschirmspringer weniger glücklich wirkte. Aber ich schweife schon wieder ab.

Ich habe eine weitere Abbildung für Sie. Ich habe auf der Y-Achse Höhe gegen Gesundheit ausgetauscht und auf der X-Achse Entfernung gegen Alter. Jetzt beschreibt unser umgekehrtes „U" genau den Verlauf des Verhältnisses zwischen Alter und Gesundheit über die durchschnittliche Lebensdauer eines Menschen hinweg.

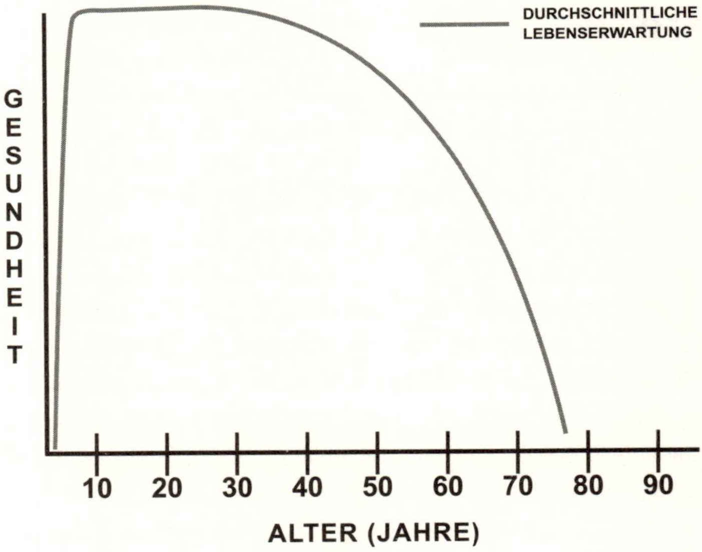

Verhältnis Alter-Gesundheit

Die aufsteigende und dann langsam sich senkende Linie steht für die durchschnittliche Lebenserwartung, in diesem Fall eines US-Amerikaners. Beachten Sie den nahezu vertikalen Anstieg der Gesundheit während der ersten zehn Jahre. Gesunde Kinder sind wahre Energiebündel.

Mit Körper und Geist erkunden sie ihr Umfeld und ihr Innenleben und nehmen dabei enorm viel auf – und all das in einem Tempo, das später im Leben nie wieder auch nur annähernd erreicht wird.

Es ist phänomenal, wie viel wir während unserer ersten Lebensjahre entdecken und aufnehmen. Wir verfügen über die notwendige Ausstattung, um schnell von unserer Umgebung zu lernen und unsere Erfahrungen und unser Wissen für unser Überleben zu nutzen. Wir sind wie Schwämme, die alle möglichen Erfahrungen aufsaugen und in die unterschiedlichen Arten von Wissen umwandeln, die es braucht, um den ungeheuer komplexen Job des Menschseins zu meistern. Jeder, der schon einmal die Metamorphose vom Baby über das Kleinkind bis ins spätere Kindesalter miterlebt hat, kann nur ehrfürchtig staunen. Genau, da ist sie wieder, die Ehrfurcht!

Nach dieser anfänglichen Explosion von Energie und Intelligenz verliert die menschliche Gesundheit langsam an Dynamik, wie sich dies in dem leicht abfallenden Plateau zeigt, der Spitze des umgekehrten „U“. Bis etwa Mitte Dreißig folgt eine Periode meist viel zu wenig gewürdigter stabiler Gesundheit. Zu wenig gewürdigt deshalb, weil wir bis zu diesem Punkt unsere Gesundheit als selbstverständlich betrachten. Die Dynamik der Jugend verhindert in der Regel jede Sorge um das Altern und das unvermeidbare Nachlassen unserer Gesundheit. Man könnte sagen, wir genießen die Vorteile des Jungseins und erforschen unsere Grenzen. Verletzungen verheilen schnell, zu wenig Schlaf tun wir mit einem Schulterzucken ab, wir essen was und wann wir wollen, ohne uns über Art und Menge unserer Nahrung groß Gedanken zu machen. Wir machen uns über die Vorstellung lustig, dass wir jemals dem Zahn der Zeit anheimfallen könnten. Irgendwann in unseren

Dreißigern wird uns dann allmählich bewusst, dass wir vielleicht nicht mehr so jugendlich sind, wie wir es einmal waren.

Mit Mitte Fünfzig lässt sich diese Tatsache nicht länger leugnen. Während unsere Dynamik nachlässt, geben unsere Körper der Schwerkraft nach. Oder wie eine meiner einst sehr sportlichen Mitschülerinnen es bei unserem 30. Klassentreffen ausdrückte: „Ich habe immer noch meine Originalausstattung, es sitzt einfach nur alles fünf Zentimeter tiefer."

In den Fünfzigern stellen wir fest, dass unser Enthusiasmus nachlässt, wenn der Körper sich weigert, die Vorstellungen des Verstands zu erfüllen. Eine kurze Aufzählung der normalen, aber meist ungeliebten Veränderungen würde vermutlich Folgendes beinhalten: schwächere Sehkraft, Haar- und Hörverlust, krummere Körperhaltung, Altersflecken, Probleme mit dem Gleichgewicht, stärkeres Schlafbedürfnis, erhöhte Reizbarkeit, erschlaffte Haut, Gewichtszunahme, schlechtere Wundheilung, verlängerte Reaktionszeiten, Menopause und Andropause, dünnes Haar, Schlafprobleme, häufiger Harndrang, schlechtere Nachtsicht, nachlassender Geruchssinn, Verdauungsprobleme, Verlust von Knochendichte und Muskelmasse sowie eine geringere Fähigkeit, glücklich zu sein und das Leben zu genießen.

Wenn Sie in den Zwanzigern sind, nehmen Sie das Thema vermutlich ganz lässig, weil Sie sich mit den vor Ihnen liegenden Herausforderungen nicht identifizieren können. Sind Sie hingegen in den Fünfzigern, sehnen Sie sich womöglich nach dem Körper, den Sie in Ihren Zwanzigern hatten, oder denken zumindest öfter an ihn. Bestimmt ist Ihnen die folgende Aussage nicht neu: „Ich hätte gerne den Körper, den ich mit 20 Jahren gehabt habe, gepaart mit dem Wissen, das ich jetzt habe." Habe ich Sie ertappt? Haben Sie das auch schon einmal gedacht? Das ist nur normal, wenn man sich gerade mal wieder mit den Zeichen des Alterns schwertut. Vielleicht fragen Sie sich sogar, welchen Sinn das alles haben soll.

Aber in diesem halbherzigen Wunsch, die aktuellen Herausforderungen des Lebens im Körper Ihrer Jugend anzugehen, steckt sehr wohl ein Hinweis auf das Geheimnis eleganten und letztlich verständigen Alterns. Es ist der Wunsch, die Begrenzungen, die Alter und Umstände uns aufzwingen, zu überwinden und einfach den Moment zu genießen. Ein Freund von mir antwortet auf die Frage, wie es ihm heute gehe, immer mit: „Sehr gut, danke. Ich bin am Leben, und das ist doch schließlich die Hauptsache." Kein schlechter Gesichtspunkt. Wir können aus der Art und Weise, wie wir normalerweise mit dem Altern umgehen, ausbrechen. Dabei geht es um mehr als ein erzwungenes Akzeptieren von Lebensumständen. Es ist real und steht jedem offen, der sich dafür entscheidet. Aber bevor wir in die Freuden des Alterns einsteigen, möchte ich meinen Gedanken abschließen.

Schauen wir noch einmal auf Abbildung 5. Wie Sie sehen, gibt es ein signifikantes Abnehmen der Dynamik in unseren Sechzigern und Siebzigern, was zugleich eine Beschleunigung der Alterung bedeutet. Auch wenn die Grafik dies nicht zeigt, nimmt diese Beschleunigung mit fortschreitendem Alter weiter zu. Wenn wir in die Siebziger kommen, steigt die Anzahl und Intensität der oben aufgeführten Alterungserscheinungen meist, allerdings mit einer bemerkenswerten Ausnahme.

Blicken wir noch einmal auf das letzte Symptom auf unserer Liste, die geringere Fähigkeit, glücklich zu sein und das Leben zu genießen. Bei all den Einschränkungen, die wir beim Älterwerden erleben, ist es nicht verwunderlich, dass wir weniger glücklich sind. In den Fünfzigern allerdings mögen die meisten Menschen ihr Leben. In diesem Alter haben wir eine Menge Lebenserfahrung angesammelt und sind immer noch fit genug, um uns den täglichen Herausforderungen zu stellen. Sobald wir die 70 überschritten haben, beginnt sich dies zu ändern und das wahrgenommene Glücksgefühl sinkt. Körperliche Probleme schränken uns zunehmend ein, unsere kognitiven Fähigkeiten lassen erkennbar nach und wahrscheinlich haben wir auch den Verlust von geliebten Menschen zu beklagen. Unsere Stimmung kann umschlagen, und Schmerz und Frustration können sich in Form von Ungeduld, Reizbarkeit und Wut zeigen. Das wohlbekannte Etikett des „alten Griesgrams" hat vor allem mit dieser Art von Verhalten zu tun.

Sie kennen mich mittlerweile und wissen, dass ich Ihnen all diese eher pessimistischen Ausblicke nicht zumuten würde, wenn ich nicht etwas in petto hätte, das sie wieder ausgleichen kann. Mit dem Alter geht eine gewisse spirituelle Reife einher. So sollte es zumindest sein. Leider ist unsere Aufmerksamkeit aus Gründen, die wir bereits besprochen haben, nur allzu oft auf das gerichtet, was wir verloren haben und die Frage, wie wir es wiedergewinnen können.

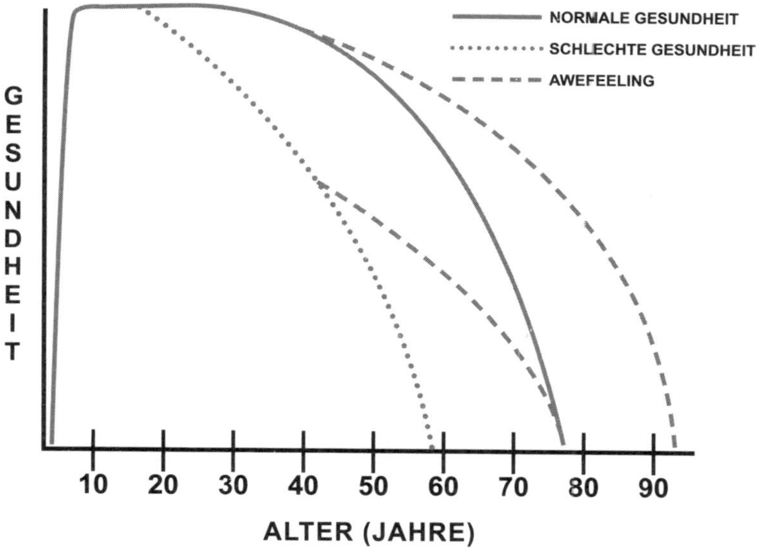

Verlängerung von Alter und Gesundheit

[Hinweis: Während die oben abgebildete durchgehende Kurve zum Verhältnis von Gesundheit und Alter auf Forschungsergebnissen beruht und allgemein anerkannt ist, sind die Kurven, die den Verlauf bei schlechter Gesundheit beziehungsweise beim regelmäßigen Eintauchen ins Awefeeling anzeigen lediglich Annäherungswerte, die die Theorie unterstreichen sollen, dass Awefeeling das Leben über die normalen Normen hinaus verlängert.]

Was möchte ich Ihnen mit dieser Abbildung zeigen? Nun, bei US-Amerikanern liegt die durchschnittliche Lebenserwartung bei rund 77 Jahren. Sehen Sie den Punkt an der durchgehenden Linie, die für den Verlauf bei normaler Gesundheit steht, an dem die gestrichelte Linie des Awefeeling ansetzt? Wenn Sie ein Durchschnittsamerikaner wären, eine Lebenserwartung von 77 Jahren hätten und anfingen, Awefeeling in Ihr Leben zu integrieren – in diesem Fall genau zu dem Zeitpunkt, an dem die Dynamik absteigender Gesundheit Fahrt aufnimmt, also etwa mit 40 Jahren – dann könnten Sie erwarten, über das Durchschnittsalter von 77 Jahren hinaus zu leben. Sie wissen es ja bereits – schon ein wenig Ehrfurcht kann viel bewirken.

Die Medizin hat Wunderbares dazu beigetragen, unsere Leben zu verlängern. Nun ist ein längeres Leben zwar eine erstrebenswerte Sache, aber nur, wenn gleichzeitig die Lebensqualität steigt. Das ist schließlich die Natur des Lebens, oder? Wir wollen mehr Dinge und Menschen zu schätzen wissen, mehr lieben. Was aber passiert, wenn wir leiden, wenn wir ständig körperlich, emotional oder auf andere Weise zu kämpfen haben? Die Medizin hält uns länger am Leben, bietet aber nur wenig, um den Wert und die Fülle unseres Lebens zu verbessern. Einer meiner Philosophielehrer am College pflegte zu sagen: „Länger zu leben und gleichzeitig stärker zu leiden ist die perfekte Definition der Hölle."

Werfen wir noch einmal einen Blick auf die Abbildung. Sehen Sie die gepunktete Linie? Sie steht für eine schwere Krankheit oder Einschränkung, die wir uns nach einem gesunden Start ins Leben zugezogen haben. Bei einem US-Amerikaner wäre das höchstwahrscheinlich eine Herzerkrankung, Krebs, Übergewicht und verbundene Leiden wie Diabetes, Nierenschäden, Nervenschäden oder auch Alzheimer.

Wenn Sie der gepunkteten Linie folgen, können Sie sehen, dass die Lebenserwartung bei einem schwereren gesundheitlichen Problem geringer ausfällt als die durchschnittlichen 77 Jahre. Auch hier markiert der Ansatz der gestrichelten Linie den Beginn der Anwendung der

Awefeeling-Methode, und auch hier zeigt sich, dass eine Steigerung der Lebenserwartung möglich ist. Tatsächlich können Sie unabhängig davon, ab wann Sie Awefeeling in Ihr Leben integrieren, oder welchen Herausforderungen Sie sich stellen müssen, davon ausgehen, dass es lebensverlängernd wirkt. Aber das ist noch nicht alles.

Awefeeling kann nicht nur die Zeitspanne verlängern, die Sie hier auf der Erde verbringen, sondern es verbessert zudem Ihre Lebensqualität auf unermessliche Weise. Ich benutze das Wort unermesslich, weil die letztendliche Wirkung des Nichts nicht gemessen werden kann. Was wir allerdings messen können, sind die körperlichen, psychischen, sozialen und spirituellen Auswirkungen von Ehrfurcht. Dennoch können diese Daten nicht die Ganzheit widerspiegeln, die sie anregt. Nicht einmal annähernd.

Lebensbedrohliche Krankheiten lösen meist starke Alterungsprozesse aus. *Quantum Entrainment* hat vielen Menschen im Kampf gegen schwere Krankheiten oder Leiden geholfen. Am Ende haben nicht alle den Kampf gewonnen. Aber die erstaunliche und wunderbare Erkenntnis war die höhere Lebensqualität, die jeder Einzelne genossen hat und die sich aus der offenen Annahme des Eu-Gefühls speiste.

Hohes Alter wird von den Jungen ignoriert, ist in den mittleren Jahren eine Art Kuriosum und den Alten ein Rätsel. In ambivalenter Weise bringt es zwar den Tod näher, nimmt uns aber zugleich die vitale Energie, ihn zu fürchten, gegen ihn anzukämpfen und gegen die Ungerechtigkeit des Ganzen aufzubegehren. Mit der Zeit kommt die Ehrfurcht, die finale Verbindung. Sie kann sich früh oder erst beim letzten Atemzug einstellen.

Bevor ich die Awefeeling-Methode entdeckte, praktizierte ich QE mit einem Krebspatienten im Endstadium.

Zum damaligen Zeitpunkt prognostizierten die Ärzte, dass er mit seinem Kehlkopfkrebs noch etwa zwei Monate zu leben habe. Bei unserem ersten Zusammentreffen war er auf der verzweifelten Suche nach einem Heilmittel. Er hatte schon viele Therapien und Behandlungen ausprobiert und war auf seiner Suche weit gereist. Dennoch war er dabei, den Kampf um sein Leben zu verlieren. Ich sagte ihm, dass das Eu-Gefühl seinem Körper helfen werde, den Krebs effizienter zu bekämpfen und dass seine Heilungschancen dadurch steigen könnten, ließ ihn aber auch nicht im Unklaren darüber, dass sich das Ergebnis nicht vorhersagen ließe. Ich begab mich mehrmals pro Woche gemeinsam mit ihm in das Eu-Gefühl. Die zwei Monate vergingen und er lebte noch weitere fünf, bevor er seinem Leiden erlag. Aber während dieser Zeit geschah etwas, das sein Bewusstsein über seine Angst vor dem Tod hinaushob.

Wie bereits erwähnt, hatte er zu Beginn panische Angst, zu sterben und griff nach jedem Strohhalm. Als sich während unserer gemeinsamen Zeit das Fortschreiten seiner Krebserkrankung verlangsamte und er tiefere Erfahrungen mit dem Eu-Gefühl machte, nahm seine Angst vor dem Tod ab. Aus unserem gemeinsamen Erleben und Wertschätzen des Eu-Gefühls erwuchs Nähe.

Eines ruhigen Morgens hatte ich gerade eine QE-Sitzung mit ihm beendet. Er sah zu mir auf und sagte lächelnd: „Danke, dass Du mein Leben gerettet hast, Frank.“ Zuerst dachte ich, er wäre wieder in alte Muster und seine Angst vor dem Sterben zurückgefallen. Aber die ruhige Kraft, mit der er sprach und sein offener, klarer Blick erzählten eine andere Geschichte. In seiner Zeit mit dem Eu-Gefühl war er selbstgewahr geworden. Er hatte eine Existenz gefunden, die jenseits des Körperlichen lag, jenseits von Krankheit und Sterben. Während er äußerlich immer mehr verfiel, wurde er innerlich zunehmend heiler. Drei Tage später starb er, in Ehrfurcht.

Awefeeling, das Gewahrsein von Ehrfurcht in der Gegenwart des Eu-Gefühls, intensiviert und beschleunigt die bereits an sich enorme Wirkung von Ehrfurcht allein. Heilung wird auf eine neue Ebene gehoben und zeigt sich viel rascher. Deshalb bin ich zuversichtlich, dass Awefeeling das Leben verlängern kann, während es zugleich die Seele mit der stärkenden Salbe des Selbst tröstet und beruhigt. Das menschliche Gewahrsein besitzt dabei für mich den höchsten Wert.

Wenn wir schon früh beginnen, Awefeeling zu kultivieren, dann ist das ein Geschenk, das uns niemand nehmen kann. Ehrfurcht transzendiert die Fesseln, die die Zeit der Gesundheit anlegt, während sie sie gleichzeitig anregt, verbessert und uns zu tieferen Einblicken verhilft. Angst hingegen ist in Stein gemeißelt. Ehrfurcht schwächt die Angst vor dem, was nach dem Tod kommt, und nimmt sie uns oft sogar vollkommen. Sie umgibt uns mit dem, was über das Irdische und Materielle hinausgeht. Im Alter gewinnen wir mit Ehrfurcht Angstfreiheit, eine Fülle der Leere, die nicht angreifbar ist. Angst vergeht wie Rauch im Wind.

Wenn Awefeeling Sie mit Freude erfüllt, Sie stärker lieben lässt und in Ihnen eine größere Wertschätzung dafür weckt, was es bedeutet, ganz Mensch zu sein, können Sie dann auch davon ausgehen, dass Ihre Lebenserwartung steigt? Können Sie erwarten, in stetig steigender Freude und Dankbarkeit länger zu leben? Ich bin mir sicher. Je stärker ich ins Awefeeling eintauche, umso erstaunter bin ich, wie frei und fließend alles ist. Ich stehe in Ehrfurcht vor der Ehrfurcht. Nicht nur wegen der Art, wie sie sich in mir entfaltet, sondern auch weil ich das große Potenzial sehe, das sie der Menschheit eröffnet. Ich finde es überwältigend.

Ich möchte Sie hier nicht mit immer neuen Ausbrüchen langweilen, aber ich denke, Sie spüren meine Begeisterung. Trotz allem, was wir vollbracht haben, sind wir Menschen in gewisser Weise chronische Versager. Ohne Ehrfurcht führen wir eine Schattenexistenz. Ehrfurcht ist die Sonne. Awefeeling erhellt mit dem Licht der Ehrfurcht selbst die dunkelsten Ecken und bringt unser Leben zum Strahlen. Sie können Ihr Gesicht dem Licht zuwenden. Sie wissen jetzt, wie es geht. Und ja, das Gefühl wird sich verstärken und länger anhalten. Ehrfurcht ist Ihr Geburtsrecht als Mensch.

WIDMUNG

Für Alfred Schatz, meinen deutschen Verleger und, wichtiger noch, guten Freund. Seine Einsichten und seine endlose Geduld waren für mich beim Verfassen dieses Buchs ausgesprochen wertvoll. Meine tiefste Dankbarkeit.

Für Dick Bisbing, einen lebenslangen Freund (wir kennen uns schon seit der Mittelstufe!), für unsere lebhaften Gespräche bei ausgedehnten Essen, immer mit einer Portion Nostalgie zum Dessert. Als Wissenschaftler gibt er mir Hinweise und Tipps, die meine mitunter ausschweifenden Gedanken in Form bringen und zu einem gewissen Maß an wissenschaftlicher Realität beitragen.

Für Martina (das Beste kommt wie immer zum Schluss), meine wunderbare Frau, die sich um das Geschäftliche kümmert, damit ich frei bin, um zu lehren und zu schreiben. Martina, die den Haushalt managt, tanzt, lehrt, gärtnert, Puppen sammelt, Quilts näht, Tiere liebt und Büchereien aufbaut, Waisen unterstützt, manchmal schimpft … und immer liebevoll ist. Ich liebe Dich.

ÜBER DEN AUTOR

Frank J. Kinslow ist ein internationaler Bestseller-Autor, dessen Bücher in mehr als 25 Sprachen übersetzt wurden.

Innerhalb weniger Jahre haben seine Ideen und Methoden weltweite Verbreitung gefunden. Dank seines leicht verständlichen und lockeren Schreibstils gibt er den Lesern das Gefühl eines Dialogs und hat zudem das Talent, abstrakte Sachverhalte sehr verständlich und praxisnah darzustellen.

Frank Kinslow beschäftigt seit mehr als 50 Jahren mit dem Erforschen und Vermitteln von Methoden, die Heilung und Glück fördern. Seine Erfahrungen als Chiropraktiker, das eingehende Studium fernöstlicher Philosophien und Praktiken sowie eine große Liebe für die Relativitätstheorie und die Quantenphysik haben zu einem Ansatz geführt, der einen einzigartigen Blick auf das Menschsein eröffnet. Teilnehmer seiner Kurse empfinden das von ihm Gelehrte als einfach und zugleich lebensverändernd. Menschen aus vielen Ländern und mit unterschiedlicher Herkunft haben in hohem Maße von seinen Methoden profitiert.

Frank Kinslow ist weiterhin als Autor tätig und hält weltweit Seminare ab. Er lebt mit seiner Frau Martina in Sarasota, Florida.

MEHR ÜBER DIE KINSLOW-METHODE

Frank Kinslow ist Begründer der Kinslow-Methode (Kinslow System™) und der einzige Lehrer für die ebenfalls von ihm begründete Methode *Quantum Entrainment®*. Er hält weltweit Vorträge und Seminare. Weitere Information über die Kinslow-Methode finden Sie im Folgenden:

Englischsprachige Internetseite:
www.KinslowSystem.com
E-Mail: info@KinslowSystem.com

Deutschsprachige Internetseite:
www.quantenheilung.info

Bücher:
Quantenheilung
Quantenheilung erleben
Das QE-Praxisbuch
Das Stille-Paradox
Eu-Gefühl!
Martina und das Ungeheuer (ein QE-Kinderbuch)
Suche nichts – finde alles!
Zum Glück braucht's keine Strategie

Hörbuch:
Quantenheilung

Übungs-CDs:
Quantenheilung – Meditationen und Übungen
Quantenheilung im Alltag 1
Quantenheilung im Alltag 2

Downloads:
Die Eu-Gefühl-Technik: www.vakverlag.de/downloads
Reine Bewusstheit und Tortechnik: www.quantenheilung.info
Leitfaden zur eigenen QE-Anwendung (Self Session Guidelines): www.vakverlag.de/downloads

Frank Kinslow:

Quantenheilung

Wirkt sofort – und jeder kann es lernen

Leseprobe unter: www.vakverlag.de

Das Neue Denken hat in den letzten Jahren das Bewusstsein vieler Menschen für alternative Behandlungsmethoden geöffnet. Quantenheilung ist eine von ihnen: Sie arbeitet mit sanfter Berührung und versetzt das vegetative Nervensystem in einen Zustand, in dem tiefe Heilprozesse stattfinden. Das Nervensystem schaltet unmittelbar auf Heilung um – und kann all das reorganisieren, was nicht optimal funktioniert. Sie können diese einfache Selbsthilfemethode sehr schnell und ohne jegliche Vorkenntnisse lernen und anwenden.

144 Seiten, 5 Abbildungen, Paperback (13 x 20,5 cm)
ISBN 978-3-86731-039-0

Frank Kinslow:

Das QE®-Praxisbuch

Mit allen Original-Übungen!

Leseprobe unter: www.vakverlag.de

Das umfassende Praxisbuch zu *Quantum Entrainment*® enthält sämtliche Übungen vom Begründer der Methode. Praktisch und übersichtlich nach verschiedenen Themengebieten geordnet, finden Sie hier anschauliche Anleitungen, wie Sie QE® in unterschiedlichen Lebenssituationen einsetzen können. Egal, ob es sich um persönliche Herzenswünsche oder Belange von Familienangehörigen handelt oder ob Sie einfach nur lernen möchten, QE® in Ihren Alltag zu integrieren: Sie können die Methode jederzeit gezielt und rasch anwenden.

272 Seiten, Paperback (17,5 x 24,5 cm)
ISBN 978-3-86731-115-1

Frank Kinslow:

Eu-Gefühl!

Quantenheilung für ein erfülltes Leben

Leseprobe unter: www.vakverlag.de

Frank Kinslow zeigt, wie man mit einfachen Übungen das Eu-Gefühl zur Grundstimmung des eigenen Lebens macht und auf diese Weise erlebt, dass die tiefste eigene Sehnsucht bereits erfüllt ist. Das Buch beschreibt, wie man mithilfe von Quantum Entrainment® Intentionen adäquat einsetzt: Wir erleben die Erfüllung unserer tiefsten Sehnsucht, dringendes Verlangen verschwindet einfach, wir öffnen den Fokus wie von selbst für neue Möglichkeiten – und unser Leben kommt ins Lot, egal, ob es um Gesundheit, um schwierige Problemlösungen, finanzielle Schwierigkeiten oder Hilfe für andere geht.
192 Seiten, 6 Abbildungen, Paperback (13 x 20,5 cm)
ISBN 978-3-86731-082-6

Abonnieren Sie unseren Newsletter (gratis) unter: www.vakverlag.de